中國
傳統

佛菩薩畫像

上

編繪 釋心德

文物出版社

圖書在版編目 (CIP) 數據

中國傳統佛菩薩畫像：上、下 / 釋心德編繪. --
北京 ： 文物出版社，2020.8
ISBN 978-7-5010-6456-4

Ⅰ．①中… Ⅱ．①釋… Ⅲ．①佛像－中國－圖集②菩
薩－中國－圖集 Ⅳ．①B949.92-64

中國版本圖書館CIP數據核字 (2019) 第284087號

中國傳統佛菩薩畫像

編　　繪：釋心德
校　　對：趙蔚瑛　王少軍　陈樂燊

責任編輯：王　偉
責任印製：梁秋卉
出版發行：文物出版社
地　　址：北京市東直門內北小街 2 號樓
網　　址：http://www.wenwu.com
郵　　箱：web@wenwu.com
印　　刷：雅昌文化（集團）有限公司
版　　次：2020 年 8 月第 1 版
印　　次：2020 年 8 月第 1 次印刷
開　　本：889mm×1194 mm　　1/8
印　　張：53.75
書　　號：ISBN 978-7-5010-6456-4
定　　價：1760.00 元（全套兩册）

諸佛菩薩聖像大觀

茗山題

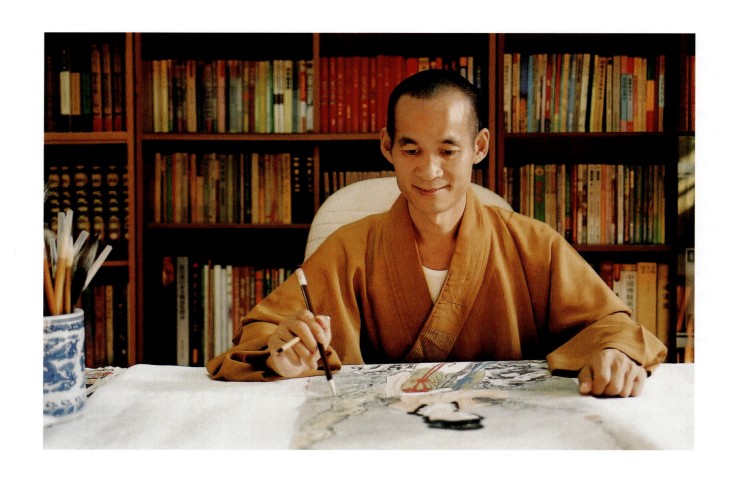

畫 家 簡 歷

　　釋心德，字昌元，俗名姚元貴。1964年生於山東鉅野。1984年隨上佛下庵法師在濟南千佛山出家。同年到蘇州靈巖山學習，1986年考入北京中國佛學院，隨著名工筆人物畫家線鶴汀先生學習工筆人物，并臨摹了大量的傳統名畫。1990年畢業後專攻佛菩薩畫像。1992年在青島舉辦個人畫展。1994年受到深圳弘法寺上本下煥大和尚約請，爲弘法寺畫大型水陸畫。1997年在深圳博物館舉辦《百幅觀音寶相》個人展，同時出版《觀音寶相》畫册。2004年再次於深圳博物館舉辦《諸佛菩薩聖像大觀》大型畫展。

　　現任山東省藝術美學研究會常務理事，北京工筆重彩畫會會員，中國人才研究會藝術家學部委員。曾任深圳市政協第四屆常委，深圳市佛教協會副秘書長，深圳弘法寺堂主等。

心 路 歷 程

　　轉瞬之間，我已屆知天命之年，三十多年的僧侶生涯，已經過去。憶往昔，悲欣交集。特別是近十年漫長而艱辛的繪畫歲月，實是身心憔悴，精疲力竭。但緣於我身爲佛子，使命感使我不敢言纍，咬牙堅持到今天，終於將三百幅彩色係列佛菩薩畫像，和一千五百幅綫描，展現在大眾面前。

　　傳統工筆的佛菩薩畫像藝術，從收集資料，係統整理，統籌計劃，到揣摩、打稿、淡墨勾綫、設色、點眼等，無不需要全身心投入。佛菩薩的慈悲感、莊嚴感、神聖感，無時無刻都在激勵着我，也審視着我，從每一筆的轉折虛實，容貌服飾，背景烘托，到每一尊佛菩薩的身形、手姿、乃至每一嚴飾，每根髮絲，都不敢有一絲一毫懈怠，十年如一日，面對佛菩薩，猶如面對父母，始終戰戰兢兢，唯恐誤人誤己。

　　記得我進佛學院後，學院組織全體師僧第一堂課，就是到廣濟寺聽已故大德正果老法師開示，他老人家慈悲而嚴肅地開導我們，時代的青年僧人，一定要自珍、自愛、自重，擔當起繼承如來家業的時代使命。他當時提到玄奘法師、弘一法師，説他們不但是佛門的中流砥柱、法門龍象，也是中華民族的脊梁。要求我們向玄奘法師、弘一法師學習。他老人家語重心長，行爲示範以及鏗鏘有力的話語，一直在警示着我。

　　還記得一個曾在山東大學留學，後在河北柏林寺禪坐五年的日本僧人木村禮道，看到我 1997 年寄給他的觀音寶相畫册，曾來信説："看一個人是否有修養，標准就是看他的專業素質和敬業精神，其他什麼也不用説。"弘一法師有一幅對聯："日日行，不怕千萬里；常常做，不怕千萬事"。三十年來，這兩句話對我啓發很大。幾十年的忘我繪畫，現在回過頭來看，實在吃驚，再讓我畫如此浩大的係列組畫，實在是不敢想象。

　　今生得以出家，實是纍生纍劫的因緣，我也爲此感到榮幸，但生爲人子，没能盡到奉養父母的天職，是我非常内疚的事。記得玉琳國師的母親，在玉琳國師出家後，曾寄給他一封信説："我與汝夙有因緣，始得母子情分。恩愛從此永訣！懷汝時，祈神禱佛，願生男子，胞胎滿月，命若懸絲！生下男子，如珍寶愛惜，乳哺不倦，辛勤勞苦。稍爲成人，送入學堂，或暫時不歸，便倚門懸望。父亡母存，兄薄弟寒，吾無依靠。娘無舍子之心，子有丟母之意，一時汝往他鄉，日夜長灑悲淚，苦哉苦哉！既不還家，只得任從汝便，再不望汝歸也。不願汝學王祥臥冰，丁蘭刻木，但願汝如目連尊者，度我生方，如其不然，郁結猶存。"從這封信不難看出，母子情深的心理感觸。反思自我，捫心自問，我又能爲父母做些什麼？願以我數十年繪畫佛菩薩像的功德廻向給我的父母，廻向給曾經幫助教育過我的師長和善信們。願三寶加持，佛菩薩庇護他們身心平安，諸事祥和。

　　佛菩薩畫像藝術，是具有鮮明特點的工筆重彩畫，其他畫種很難表達出如此完美、細致的思想内容，因爲佛菩薩具備三十二相，八十種好，其相貌特徵又異於常人。也正是因爲如此，對於要求創新、快速的畫家來説，實在不容易做到，再加上急功近利的追求，畫工筆佛菩薩像的畫家已是鳳毛麟角，也成了最冷門的傳統畫技，即使是有人想畫，由於没有對佛教經典的研析和佛教儀軌的基本理解，也很難表現出佛菩薩所代表的豐富内容。比如每尊佛菩薩皆有其特定手印或坐騎，五官亦異於常人，手足氣滿如嬰，脖有三道項紋，手長過膝，兩耳垂肩，頂有肉髻等等，皆是修行圓滿的表徵，而天衣嚴飾，手中各種表法器具，其意義各異又有具體定義解釋，不可隨意。其形態神韵，内在修煉以及繪畫規則，更不是一般没有佛教知識和没有信仰的人所能體會到的。

　　佛教進入中國兩千多年以來，其對中國文化藝術，倫理道德的深遠影響，已是人所共知的事實。特別是佛教在建築、雕塑、壁畫、美術等方面的精深造詣，更可謂是空前的。但時至今日，却没有一套圖文并茂，有代表性的，係統的介紹佛菩薩聖像的書籍出來，不能不説是一件令人遺憾的事。我出家三十多年來，一直關注此事，并傾己所有，收集古今中外有關佛菩薩聖像内容的書籍和資料，進行係統的整理和編繪，2004 年彩色精裝豪華本《觀音寶相》和《諸佛菩薩聖像大觀》由青海人民出版社出版發行，2010 年綫描本《諸佛菩薩聖像莊嚴寶典》《菩薩聖眾莊嚴寶典》和《觀音法相莊嚴寶典》一套三册亦由江西美術出版社精裝出版發行。現已繪編完成的《佛菩薩聖像大典》係列書一套九册。以此回報社會，回報曾經關懷或即將關懷此事的人們。

　　中國傳統佛菩薩畫像係列《佛菩薩聖像大典》的出版面世。爲此衷心致誠感恩深圳金活醫藥集團董事主席趙利生先生及全家，同時感謝韓永元、王少軍、李艾俊等廣大善信，社會賢達，是他們的鼎力支持和無私幫助，才能使慈悲莊嚴的佛菩薩聖像得以圓滿面世。對他們深植德本的真誠奉獻，深表崇敬和謝意。

目　録

圖版

一、華嚴三聖

即華嚴經所指華藏世界之三位聖者。1. 毗盧遮那佛，毗盧遮那意爲遍一切處。謂佛之煩惱體净，衆德悉備，身土相稱，遍一切處，能爲色相所作依止，具備邊際真實功德，是一切法平等真實性；即此自性，又稱法身。2. 普賢菩薩，以其居伏惑道之頂，體性周遍，故稱普；斷道之後，鄰於極聖，故稱賢。3. 文殊師利菩薩，文殊師利意爲妙德。以其明見佛性，具足法身、般若、解脱三德，不可思議，故稱妙德。毗盧遮那佛理智完備，居中位；文殊菩薩主智門，立於毗盧遮那佛之左；普賢菩薩主行門，位於毗盧遮那佛之右。

關於三聖之關係，據澄觀所著《三聖圓融觀門》載，三聖之内，以二聖爲因，以如來爲果，然因果德超越言語思想，故宜自"二因"悟解之；若悟二因之玄微，則知果海之深妙。《新華嚴經·卷三》謂，《華嚴經》中以佛果不可説，故以文殊、普賢二菩薩爲説主，其中以能信之深心爲文殊，所信之法界爲普賢。蓋文殊勤修，成法身之本智；普賢大行，成差别智之行德。故以文殊、普賢配合毗盧遮那佛、共爲華嚴三聖，利樂一切有情。

1. 華嚴三聖　160厘米×90厘米

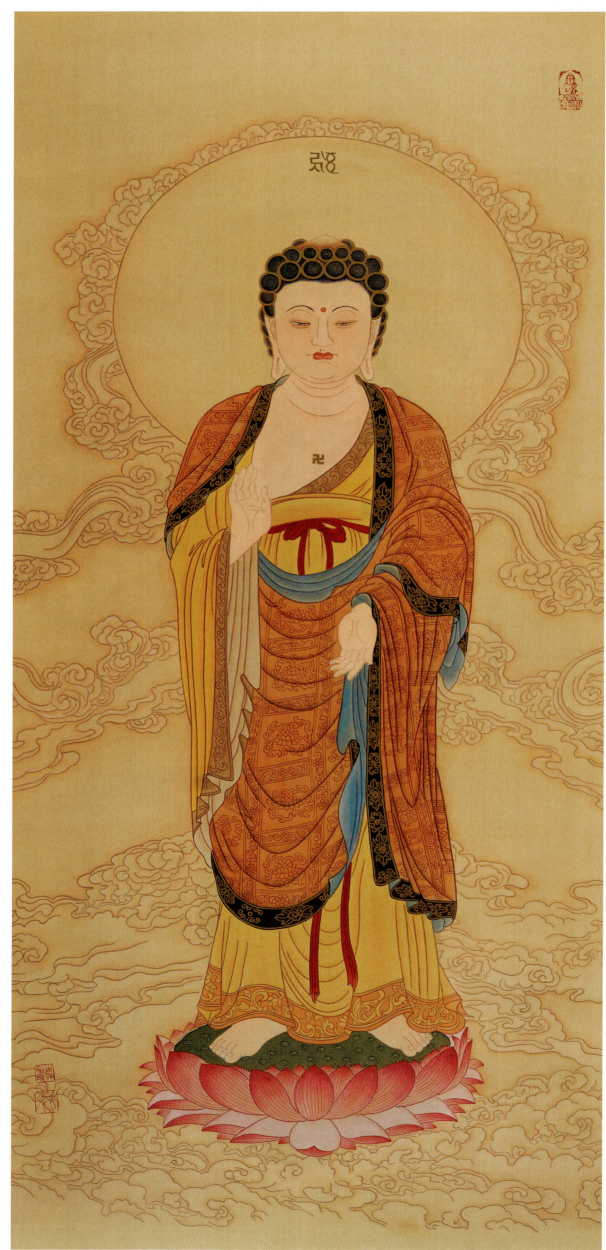

2. 華嚴三聖之一　釋迦牟尼佛　135厘米×65厘米

3. 華嚴三聖之一　文殊師利菩薩　135 厘米 × 70 厘米

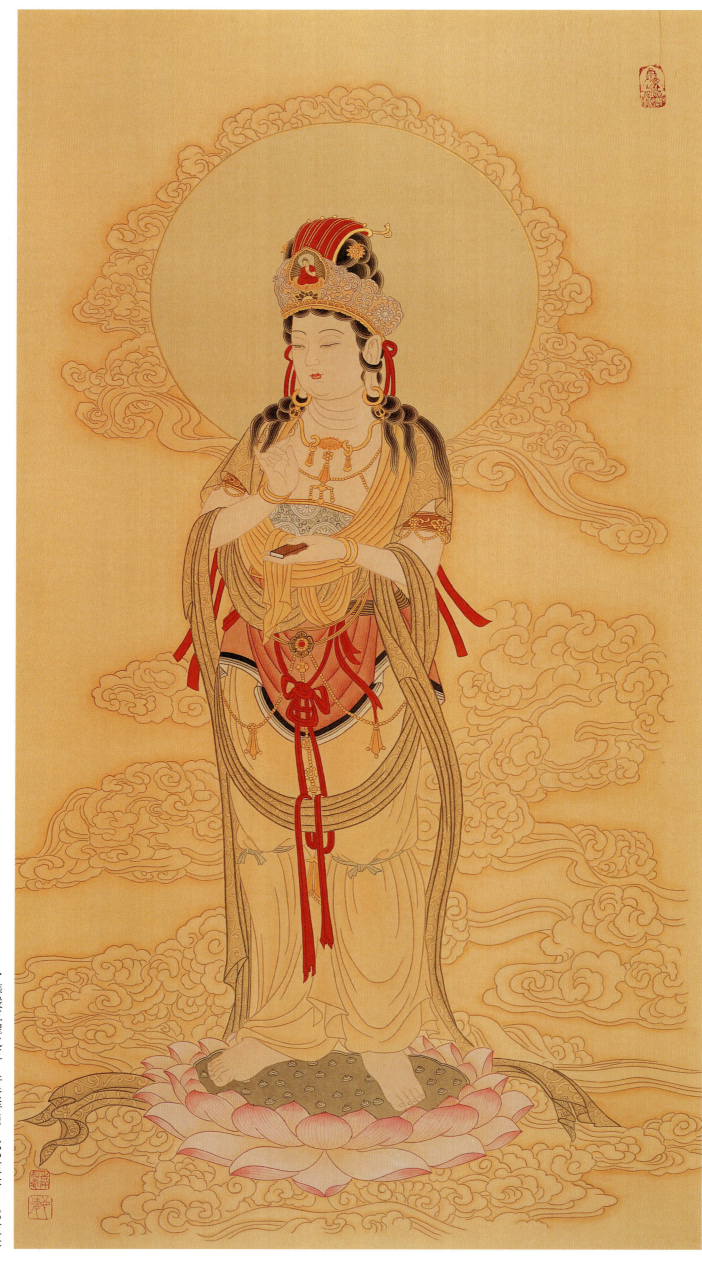

4. 華嚴三聖之三　普賢菩薩　135 厘米 × 65 厘米

二、釋迦三尊

在古代，釋迦三尊有一定形式，即釋迦佛與阿難、迦葉二聲聞弟子，後來又有稱釋迦佛與文殊、普賢爲釋迦三尊者。

阿難，佛陀的十大弟子之一。全名阿難陀，意譯爲歡喜、慶喜、無染。是佛的堂弟，出家後二十年爲佛的常隨弟子，善記憶，對於佛陀所說之法，多能朗朗記誦，故譽爲多聞第一。阿難天生容貌端正，面如滿月，故雖已出家，却屢遭婦女之誘惑，然阿難志操堅固，終得保全梵行。於佛陀生前未能開悟，佛陀入滅時悲而慟哭；後受摩訶迦葉教誡，發憤用功而開悟。於首次結集經典會中被選爲誦出經文者，對於經法之傳持，功績極大。初時佛陀之姨母摩訶波闍波提欲入教團，是阿難從中斡旋，終蒙佛陀許可，對比丘尼教團之成立功勞至鉅。

迦葉，全名大迦葉，摩訶迦葉。又作迦葉波、迦攝波，意爲飲光。爲佛十大弟子之一。付正法眼藏爲第一祖。生於王舍城近郊之婆羅門家。於佛成道後第三年爲佛弟子，八日後即證阿羅漢境地，爲佛弟子中最無執着之念者。人格清廉，深受佛陀信賴，於佛弟子中曾受佛陀分予半座。佛陀入滅後，成爲教團之統率者，於王舍城召集第一次經典結集。直至阿難爲法之繼承者，才始於鷄足山入定，以待彌勒出世，方行涅槃。

三、釋迦牟尼佛

"釋迦"是古印度迦毗羅衛國一個種族的名稱，"牟尼"是梵語，是寂默或智者、仙人的意思。"釋迦牟尼"，就是説釋迦族的聖者。釋迦兩字當能仁講，表示佛心慈悲廣大，牟尼兩字作寂默講，表示他深具智慧。

釋迦牟尼佛是印度迦毗羅衛國的太子，父名首頭檀那，譯爲净飯王，母爲摩訶摩耶。釋迦牟尼在四月初八日，誕生於藍毗尼園的無憂樹下，從摩耶夫人右肋降生，生下後天降香花，九龍吐水爲太子沐浴。據説太子生下後即能行走，并一步一朵蓮花，行走七步説："天上天下唯我獨尊"。他在幼童時，取名爲悉達多。他天資聰慧，精通百般學術技藝，其非凡的才能，在當時已名聞天下。成年後娶鄰國拘利城，善覺王之女耶輸陀羅公主爲妻，生一子名羅睺羅。

有一次太子同侍臣盛裝出城郊游時，目睹老、病、死等狀況，深感人生的苦痛與無常。爲此事他晝思夜想，竟至廢寢忘食，遂決心於二十九歲出家，獨至於深林静處，一意修行。先後到南方的毗舍離、摩揭陀國等訪問當時最聞名的蓮華仙人、跋伽仙人、阿藍伽藍仙人等，請教關於老、病、死的苦惱疑惑，前後達六年之久，均得不到什麼要領。

徒勞身心，仍毫無所得，遂改變方法，先到尼連禪河洗净身軀，又接受牧女的供養，恢復體力後，即到伽耶村畢鉢羅樹下，結跏趺坐下，發誓："不成正覺，誓不起此坐"。終於排除世間一切障礙誘惑，直到一天黎明時，東方出現了一顆燦爛的明星，而廓然大徹大悟，此時太子剛好三十五歲。

成道之後，釋尊先到波羅奈城的鹿野苑，去度憍陳如等五比丘；又到王舍城，途中巧遇三迦葉等，因此釋迦的聲譽，便普震全印度了。後來在王舍城，又度摩揭陀國的婆娑羅王、舍利弗、目犍連等。三年後，回故鄉度其父王、異母弟阿難、表兄弟難陀及其子羅睺羅等親屬，逐步成立了釋迦的教團，以後他常在恒河兩岸的摩揭陀國、橋薩羅國及毗舍離國間來往説法度衆，從無間斷。直到八十歲時，在北方拘尸那揭羅城外，跋提河畔的娑羅雙樹下，頭北面西而卧，諸弟子均趨前恭聽遺誡至午夜而寂然入涅槃。後世各佛寺内所見的涅槃像，就是爲了紀念當時的情形而作的。

有關世尊形象，根據密宗兩部曼荼羅，其胎藏界以釋尊爲主，金剛界則與不空成就如來并立。《大日經疏》説："釋迦牟尼，全身呈金色，具光三十二相，披乾陀色袈裟，坐於白蓮上，作説法狀。"《金剛一乘修行儀軌》説："若欲報世間之恩德，可畫釋迦牟尼像於曼荼羅中央，全身金色，具四十八相，身披袈裟，智手作吉祥印，理手向上置於臍前，結跏趺坐坐於白蓮臺上。"

6. 釋迦牟尼佛之一　135厘米 × 65厘米

7. 釋迦牟尼佛之一　110厘米 × 65厘米

中國傳統佛菩薩畫像 上冊

18

8. 釋迦牟尼佛之三 135 厘米 × 70 厘米

10. 釋迦牟尼佛之五　130 厘米 × 75 厘米

11. 釋迦牟尼佛之六　95 厘米 × 50 厘米

12. 大足釋迦牟尼佛之七　138 厘米 × 92 厘米

13. 釋迦牟尼佛之八　169 厘米 × 91 厘米

14. 釋迦牟尼佛之九　161厘米×83厘米

15. 釋迦牟尼佛之十　161厘米 × 85厘米

16. 釋迦牟尼佛之十一　140厘米 × 90厘米

17. 釋迦牟尼佛之十二　122 厘米 × 65 厘米

18. 釋迦牟尼佛之十三　85 厘米 × 63 厘米

19. 釋迦牟尼佛之十四　90 厘米 × 65 厘米

20. 釋迦牟尼佛之十五　93 厘米 × 65 厘米

四、靈山法會圖

　　靈山，原名靈鷲山，音譯耆闍崛山，位於中印度摩揭陀國王舍城東北。簡稱靈山。其山名之由來，一説是因山頂的形狀類似於鷲鳥，另一説是因山頂住有很多兀鷲而成名。

　　其山頂有説法臺，有佛陀與舍利佛等聲聞入定之石室，阿難遭受魔王嬈亂之處，佛陀宣説《法華經》《大品般若經》《金光明最勝王經》《無量壽經》等處。另據《大梵天王問佛決疑經》載："釋迦牟尼昔日在法會上，手拈一花示衆迦葉見之破顏微笑，世尊咐囑以正法眼藏。"

　　這幅靈山法會圖，是根據南京金陵刻經處所藏明代版畫而繪成，因原圖没有着色，今經加工着色而成此圖。該圖場面規模宏大，人物衆多，布局嚴謹；上有天女散花，下有獅象山景襯托；釋迦佛自然安詳，其它人物亦千姿百態，樹木均枝葉繁茂，給人一種舒適自然的美感。

五、釋迦牟尼佛會

　　釋迦佛一生講經四十九年，説法三百餘會，講經場面有大有小，後人多根據經典記載而繪製佛説法的畫面。此釋迦牟尼佛會是根據《法界源流圖》的局部所繪。

　　此圖表現的是在四株結滿金果的菩提樹下，釋迦牟尼佛端坐在雕獅須彌座上説法。上有華蓋瓔珞、飛天，弟子迦葉、阿難、普賢菩薩、文殊菩薩以及觀音、童子、羅漢、天王、金剛等衆五十餘人護持左右。還有白馬、白象、明珠、玉女、藏臣、兵臣、法輪七寶，龍、鳳、異獸和供養人（似人間王者及侍女）等。

　　場面宏大，莊嚴肅静，佛光普照，光彩奪目，真乃佛的繽紛世界。在這片净土裏各神祇都有適當的位置，毫無紊亂。騎青獅的文殊菩薩和騎白象的普賢菩薩在畫面中占有顯著的位置，爲重點描繪的對象，這兩位菩薩上方也有華蓋瓔珞，并自然地飄動着。構圖錯落有致，疏密得當，人物形象生動逼真，神態各異。對幾個兒童的不同描繪，使畫面充滿生機和情趣。

　　此圖是清代官廷畫家丁觀鵬根據雲南大理張勝温的《梵像圖》摹繪，後稱《法界流源圖》。

23. 釋迦牟尼說法圖　150 厘米 × 90 厘米

六、文殊菩薩

文殊菩薩，梵名爲文殊師利或曼殊室利，譯爲妙吉祥、妙音、普音、濡首或敬首等。與普賢菩薩同爲釋尊脅侍，專掌智慧門，在諸菩薩中，號稱智慧第一。

據《文殊室利般涅槃經》記載：文殊生於古印度舍衛國的一個婆羅門家庭。後隨釋迦佛出家。釋迦滅度後，他來到雲山，爲五百仙人解釋十二部經。最後又回到出生地，在尼拘陀樹下結跏趺坐，入於涅槃。又據《文殊師利法寶藏陀羅尼經》講：釋迦牟尼佛曾告訴金剛密迹主菩薩，在南瞻部洲東北方有一個叫大振那的國家，國中有一座大山，山有五峰，稱爲五頂山。釋迦佛圓寂後，文殊菩薩將以童子形游行於此，在山中居住，爲眾生宣説佛法。中國佛教認爲山西五臺山就是佛經中所説的"大振那"國的五頂山，因此以五臺山爲文殊菩薩的説法道場而成了佛教的聖地。

又據《新華嚴經》卷十二《如來名號品》載："過東方十佛剎微塵數之世界，有一金色世界，其佛號爲不動智，此世界之菩薩，即文殊師利。"華嚴宗稱東方清涼山爲其住處，而以我國山西五臺山（清涼山）爲其道場。

文殊菩薩之造像以騎青獅爲特征外，於密教胎藏界曼荼羅中臺八葉院中，呈金色童子形，頭有五髻；左手捧青蓮花，上立五股杵、右手持梵篋。密號吉祥金剛，三昧耶形爲青蓮華上金剛杵。胎藏界曼荼羅另設文殊院，以文殊菩薩爲中尊，又稱五髻文殊，密號吉祥金剛、般若金剛。三昧耶形爲青蓮上三股杵或梵篋。形象爲童子形，身呈紫金色，頂有五髻；右手仰掌，指端向右，左手執青蓮華，上立三股杵。由其真言字數之不同，有一字文殊、五字文殊、六字文殊、八字文殊等區別。

最爲常見的文殊菩薩像，多爲頭戴五髻寶冠的童子形。五髻表內五智（法界體性智、大圓鏡智、平等性智、妙觀察智、成所作智），童子形則喻天真純潔。左手執青蓮花，花上放般若經篋，表般若之智一塵不染。右手執寶劍，以金剛寶劍能斬群魔，比喻大智慧好像一把鋒利的寶劍，能斷一切無明煩惱。身坐白蓮臺，表示清净。但大部分文殊菩薩都是身騎獅子，以獅子勇猛，表示菩薩智慧威猛。

25. 文殊菩薩之二　95 厘米 × 65 厘米

27. 文殊菩薩之四　75 厘米 × 50 厘米

30. 文殊菩薩之七　100 厘米 × 65 厘米

31. 文殊菩薩之八　72厘米×40厘米

32. 文殊菩薩之九　105 厘米 × 60 厘米

33. 文殊菩薩之十　144 厘米 × 92 厘米

七、普賢菩薩

普賢菩薩，梵名爲三曼多跋陀羅，譯作普賢，或遍吉，密號爲"真如金剛"。常居伏惑道之頂上，普是遍一切處義，賢是最妙善義，謂菩提心所起信願行及身口意，悉皆平等遍一切處。

據《妙法蓮華經·普賢勸發品》説：當佛入滅後，若有人信奉念誦法華經者，普賢菩薩將與諸大菩薩一起出現在此人面前，守護其人，使他身心安穩，不受諸煩惱魔障之侵。而《華嚴經》則説，有善財童子發大心，一心求菩薩道，後來在文殊菩薩啓發下，南行參訪各大善知識。最後到普賢菩薩處，普賢菩薩爲他講普賢十大願行："（1）禮敬諸佛。（2）稱讚如來。（3）廣修供養。（4）懺悔業障。（5）隨喜功德。（6）請轉法輪。（7）請佛住世。（8）常隨佛學。（9）恒順衆生。（10）普皆廻向。"若能將此十種行願不斷實踐力行，則可完成普賢菩薩之諸行願海。人命終時得此願王引導，往生阿彌陀佛極樂世界。然此十大願爲一切菩薩行願之標幟，故亦稱普賢之願海。以此菩薩的廣大行願，一般稱爲大行普賢菩薩。

在密教中，普賢菩薩與金剛薩埵同體，列於金胎兩部曼荼羅中，是爲密教普賢。金剛界曼荼羅中，爲賢劫十六尊之一，安置於北方四菩薩最下位，密號攝普金剛。形象依各會之不同而有別，微細會左手握拳按腰，右手執利劍。供養以二手執蓮會於胸前，蓮花上有利劍。胎藏界曼荼羅中，列於中臺八葉院之東南隅，身呈白肉色，戴五佛寶冠，左手以拇指、食指、小指，密號"真如金剛"。此外，尚有普賢延命爲本尊之修法，稱普賢延命法。

中國佛教以四川峨嵋山爲普賢菩薩説法道場。晋代有惠持和尚從廬山入蜀，在此修建普賢寺，是峨嵋山供奉普賢菩薩之始。北宋年間，峨嵋山又鑄建頭戴五佛金冠，手持如意結跏趺坐於象背的蓮臺上的普賢菩薩銅像一尊，像重達六十二噸，是佛教藝術珍品。

在佛教寺院中，普賢菩薩像一般都是作爲釋迦牟尼的脅侍菩薩，與文殊菩薩一起被供奉在釋迦佛像的左右，單獨供的不太多。普賢像大多是頭戴寶冠，身穿菩薩裝，坐於六牙白象上，這種像在我國的敦煌壁畫和寺院雕塑中都可以看到。

34. 普賢菩薩之一　65 厘米 × 45 厘米

35. 普賢菩薩之二　135 厘米 × 70 厘米

52

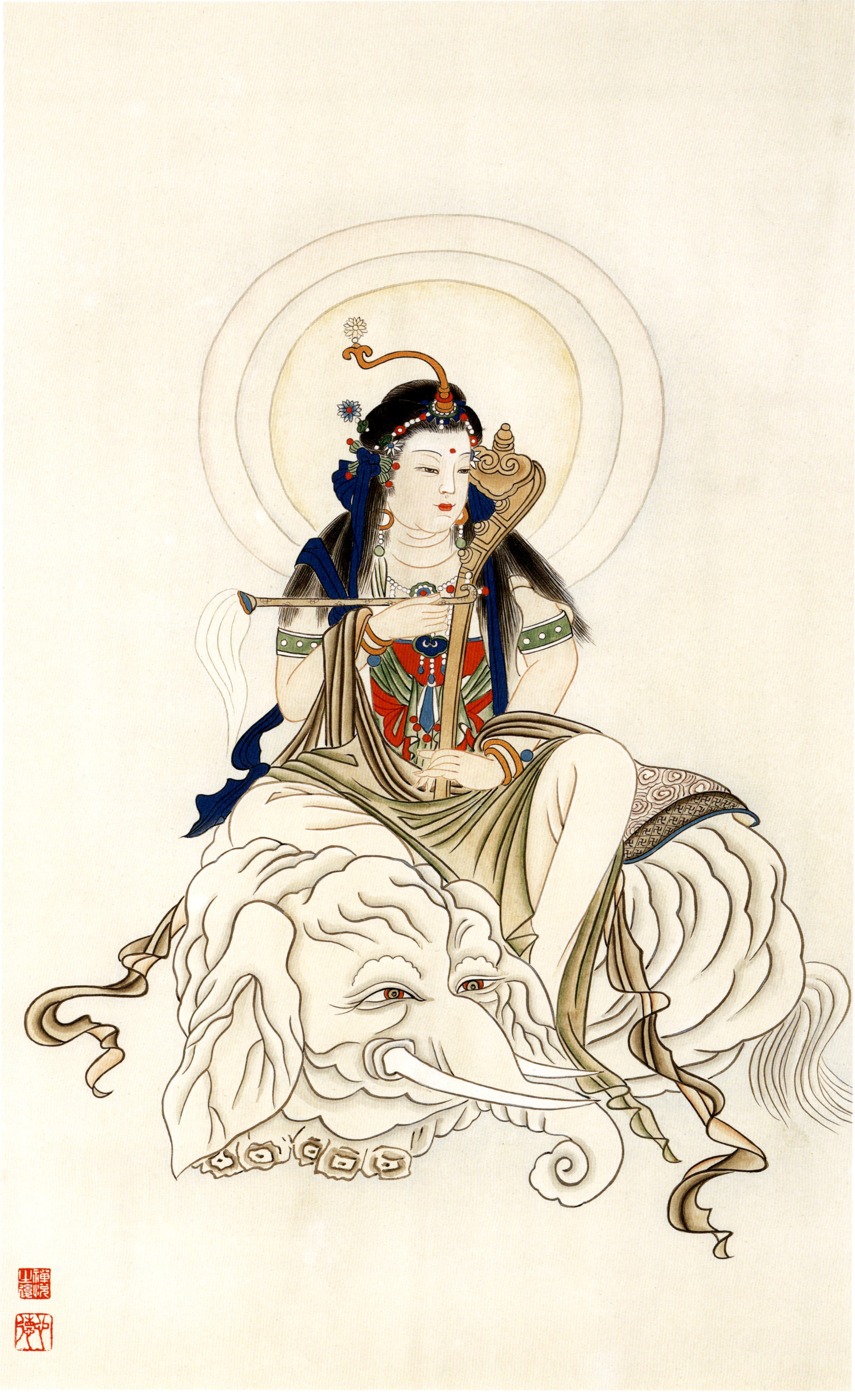

39. 普賢菩薩之六 93厘米×55厘米

40. 普賢菩薩之七　127 厘米 × 77 厘米

41. 普賢菩薩之八　140 厘米 × 92 厘米

42. 敦煌普賢菩薩　90 厘米 × 50 厘米

43.西方三聖之一　105厘米 × 95厘米

八、西方三聖

亦稱彌陀三尊；阿彌陀佛的菩薩眷屬，最普遍常見的即觀音與大勢至兩位大士。他們追隨阿彌陀佛，在極樂世界教化眾生；也在娑婆世界中，大悲救度一切眾生，并且輔翼彌陀，讓眾生能清净發願往生極樂净土；在臨命終時，他們亦會前來接引净土行人。而且根據《佛說觀無量壽佛經》所云："阿彌陀佛神通如意，於十方國變現自在，或現大身滿虛空中，或現小身丈六八尺。"所以便有彌陀觀音同體的說法。

阿彌陀佛及其脅侍觀音及大勢至，一般稱之爲西方三聖。如在《佛說觀無量壽佛經》中所說："無量壽佛住立空中，觀世音，大勢至是二大士，侍立左右，光明熾盛，不可具見，百千閻浮檀金色，不得爲比。"

關於這兩位脅侍菩薩的方位，一般以觀音菩薩在阿彌陀佛的左方，大勢至菩薩則在阿彌陀佛的右方。但在梵文《法華經普門品》的頌文中，則說觀音在阿彌陀佛的右方或左方。而《十一面觀自在菩薩心密言念誦儀軌》卷中及《阿利多羅陀羅尼阿嚕力經》則說右方是觀音菩薩，左方是大勢至菩薩。《佛說觀無量壽佛經》及《不空羂索神變真言經》，則說阿彌陀佛的左邊有一大蓮花，觀音菩薩坐於其上　阿彌陀佛右邊的蓮花坐大勢至菩薩。這是因爲觀音爲大悲的代表，即下化眾生之意，所以置於左方；而大勢至菩薩代表大智，意爲上求菩提，所以安於右方。

關於二脅侍的形象，觀音菩薩的寶冠中有化佛，大勢至菩薩的寶冠中有寶瓶。自古以來，一般是作觀音菩薩兩手持蓮臺，而大勢至菩薩雙手合掌。

44. 西方三聖之二　90 厘米 × 130 厘米

45. 西方三聖之三　130 厘米 × 92 厘米

46. 西方三聖之一　阿彌陀佛　120厘米 × 55厘米

48. 西方三聖之三　大勢至菩薩　120 厘米 × 55 厘米

沙門釋心德敬繪於弘法寺

49.西方三聖之一　阿彌陀佛　175厘米×84厘米

50. 西方三聖之二　觀世音菩薩　170 厘米 × 82 厘米

九、阿彌陀佛

　　阿彌陀佛是阿彌陀婆的簡稱，譯爲無量光、無量壽。依《佛說無量壽經》說：阿彌陀佛是世自在王佛時的一個國王。出家之後，稱法藏比丘，他見過二百一十億的佛土，熟知諸佛之净土，攝取了其中的精華；再經過五劫的思維後，發起了四十八個大誓願，建立極樂净土，以度衆生。他爲了要實現其誓願，不知經過了多久的修行，才把它實現，成佛至今已有十劫。他在西方建立了一個莊嚴的極樂净土，現在還在那邊說法，以其光明無量及壽命無量爲覺體，超度衆生。

　　據《佛說觀無量壽佛經》又說：極樂世界分上中下三階段，其中又分上中下三區分，而成九品。在我國信奉阿彌陀佛的人最多，其形象亦有多種，在觀自在王修行的法内說：結三摩地印，二手向上交叉。又《攝真實經》内說：二手各舒五指，貼放在臍前，左手在下，右手在上，作法界定印。

　　此外，在曼陀羅内所見的妙觀察智定印，身披丹光袈裟，結跏趺坐，坐於寶蓮華上。其它尚有紅色裝的紅頗梨彌陀、寶冠彌陀或螺髮亂彌陀、五劫思惟彌陀及瑜伽大教王經的三面六臂彌陀等，異像很多。

　　阿彌陀佛普通以觀音、大勢至二菩薩爲脅侍。另外有一種阿彌陀佛與二十五菩薩來迎接念佛之行者，臨終時，此如來與二十五菩薩即前來迎接。

　　另據《大日經疏》說：應在西方觀無量壽佛，此即爲如來方便智，因爲衆生界乃無盡止的，所以諸佛的大悲方便亦無盡止，故名大無量壽。關於此佛的相好，在《佛說觀無量壽佛經》說：無量壽佛之身，如百千萬億夜摩天閻浮檀金色，佛身高六十萬億那由他恒河沙由旬；眉間白毫右旋宛轉，毫相大小猶如五倍須彌山之高廣；佛眼清白分明，眼之大小猶如四倍大海水之縱廣；全身毛孔均呈光明，圓光如百億三千大千世界；圓光中有百萬億那由他恒河沙化佛，一一化佛有衆多無數化菩薩爲侍者；無量壽佛有八萬四千相，一一相有八萬四千隨形好，一一好有八萬四千光明，一一光明照十方世界。凡念佛衆生，均爲其攝取，而其光明、相好及化佛，實多不可計。由此可知阿彌陀佛的雄大無比。

52. 阿彌陀佛之一　130厘米 × 70厘米

54 阿彌陀佛之三　135 厘米 × 70 厘米

56. 阿彌陀佛之五　90 厘米 × 65 厘米

61. 阿彌陀佛之十　89 厘米 × 84 厘米

64. 無量壽佛　120 厘米 × 80 厘米

十、大勢至菩薩

大勢至菩薩在西方極樂世界，是阿彌陀佛之脅侍，與觀音菩薩同爲净土三尊之一，自古以來，信奉此尊的人很多。其梵名爲摩訶薩駄摩鉢羅鉢跢，譯作大精進、得大勢、或大勢至等，簡稱勢至，密號爲"持輪金剛"。與掌理慈悲門的阿彌陀佛左脅侍觀音相對，此尊係掌理智慧門。他以其獨特的智慧光，能普照一切衆生，永離三途八難之苦，故稱爲大勢至。此尊的威力極大，舉一足，不但三千大千世界，就連魔宫殿均爲之震動。

《大日經疏》説："如世國王大臣威勢自在之位故，以爲名。所以持未敷蓮花者，如毗盧遮那實智花臺即成果已，復持如是種子，普散一切衆生心中，更生未敷蓮花，此尊皆同是處，亦能善護一切衆生潛萌之善，使不敗傷念念增長。"以次顯彰其功德。

關於此尊在西方極樂世界爲阿彌陀佛的脅侍時，其相好在《佛説觀無量壽佛經》内曰："此菩薩身量大小，如觀音菩薩相同，圓光面各有一百二十五由旬，照二百五十由旬；舉身光明，照十方國，作紫金色；有緣衆生，悉皆得見；但見此菩薩一毛孔之光，即見十方無量諸佛净妙光明，是故號此菩薩，名無邊光。以智慧光普照一切，令離三途，得無上力，是故號此菩薩，名大勢至。此菩薩天冠，有五百寶華，一一寶華又有五百寶臺，每一寶臺皆現十方諸佛之净妙國土出廣長舌之相；頂上肉髻，如鉢頭摩華，於肉髻上，有一寶瓶，盛諸光明，普現佛事，餘諸身相，如觀世音，相差無幾。"由此可知，在西方極樂世界，此尊與觀世音菩薩雖極相似，其唯一不同的是：觀世音菩薩的寶冠中現化佛，而大勢至菩薩的寶冠中，則現寶瓶。

65. 大势至菩萨之一　124厘米×70厘米

十一、東方藥師三聖

　　藥師佛與日光、月光菩薩合稱藥師三聖，又稱東方藥師三尊。中尊藥師琉璃光如來，左脅侍爲日光菩薩，右脅侍爲月光菩薩。

　　在過去世界有電光如來出世，説三乘法度衆生。當時有一梵士見世界濁亂而發菩提心，要教化世界諸苦衆生。因爲他特別發願利益重病衆生，所以電光如來改其名號爲醫王。他的兩個孩子也發起大願，能照破一切衆生生死黑暗，所以長子名爲日照，次子名爲月照。而那時的醫王，即爲東方藥師如來，二子即爲二大菩薩——日光遍照菩薩、月光遍照菩薩。

　　日光菩薩，又稱作日曜菩薩、日光遍照菩薩。其身呈赤紅色，左掌安日輪，右手執蔓朱赤花。

　　月光菩薩，又稱月净菩薩、月光遍照菩薩。其身呈白色，乘於鵝座，手持月輪。以日光、月光代表了一切清净的光明，一切法性的光明，一切救度的光明，顯示了藥師佛要使衆生達到成佛境界所現起的方便。這些是來自諸佛的四弘誓願，是諸佛的大勢願望，是一切諸佛的悲心。諸佛的悲心，顯現在此特殊因緣，相應於衆生病苦的因緣，特別顯示藥師佛來救度，使衆生在痛苦的境地中，直接翻轉，成證如來。

69. 藥師三聖之一　藥師佛　135 厘米 × 70 厘米

70. 藥師三聖之二 日光菩薩 130厘米×65厘米

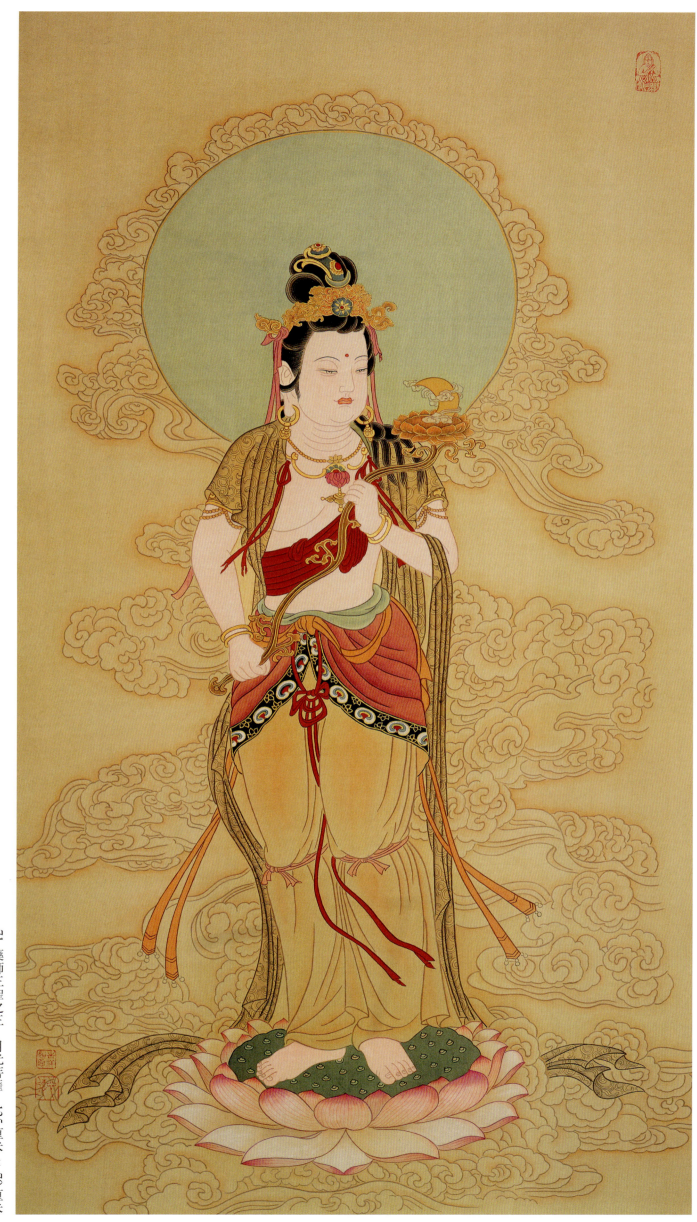

71. 藥師三聖之三　月光菩薩　135 厘米 × 70 厘米

十二、藥師佛

此佛梵名爲鞞殺社窶嚕，譯作藥師琉璃光如來，或大醫王佛。他在須彌山的東方建立了一個世界，其净土的名稱叫琉璃光土，或稱東方净琉璃世界。

在隋朝的時候，達摩笈多所翻譯的《藥師如來本願功德經》中有一節説："佛告曼殊師利，去此東方，過十殑伽沙佛土，有世界名净琉璃，佛號藥師琉璃光如來，原行菩薩道時，發十二大願，令諸有情，皆得所求。"此十二大願爲：(1)自他身光明熾盛之願。(2)威德巍巍開曉衆生之願。(3)使衆生飽滿所欲而無乏少之願。(4)使一切衆生安立大乘之願。(5)使一切衆生行梵行，具三聚戒之願。(6)使一切不具者諸根完具之願。(7)除一切衆生衆病，令身心安樂，證得無上菩提之願。(8)轉女成男之願。(9)使諸有情解脱天魔外道纏縛，邪思惡見稠林，引攝正見之願。(10)使衆生解脱惡王劫賊等横難之願。(11)使饑渴衆生得上食之願。(12)使貧乏無衣服者，得妙衣之願。

藥師如來，別名爲大醫王佛。供奉此佛的目的，在於醫治百病，謀現世的福利。我國古今上下，貴自帝王，下至一般民衆，都十分信仰；如一朝得病卧床，束手無策的時候，則多求願於藥師如來，故世間供奉藥師如來的藥師堂很多。

藥師如來普遍以日光菩薩、月光菩薩爲其脅侍，此二菩薩在藥師之净土中無量衆中之上首，是一生補處的菩薩。其次亦有以觀音、大勢至爲其脅侍的。還有以文殊師利、觀音、勢至、寶壇華、無盡意、藥王、藥上、彌勒等八菩薩爲侍者的。

藥師佛之眷屬神，俗稱爲藥師十二神將，又稱十二藥叉神。凡是以供養藥師如來本尊的廟宇中，必須安置此十二神將。此將藥師十二神將，列名如下：毗羯羅大將、招杜羅大將、真達羅大將、摩虎羅大將、波夷羅大將、因達羅大將、珊底羅大將、額爾羅大將、安底羅大將、迷企羅大將、伐折羅大將、宮毗羅大將。

藥師如來的形象，有結跏趺坐，安坐於蓮臺上。在《阿裟縛抄》內記載如下："右手施願，左手作施無畏印；左掌持寶珠，右手掌輕輕舉起；左手屈小指，安放於臍下，左手持藥壺結定印；有應身説法者，即手持衣鉢，錫杖者，種類繁多。"以上略舉其中的七種，此佛的形象還有很多，比如在敦煌壁畫中就有站立的，但都是依其誓願而不同，分別設立形象的。

72. 藥師佛之一　94 厘米 × 55 厘米

73. 藥師佛之二　115厘米 × 55厘米

74. 藥師佛之三　110厘米 × 65 厘米

76. 藥師佛之五　168 厘米 × 92 厘米

十三、日光菩薩

日光菩薩，又稱作日光遍照、日曜，是藥師佛的左脅侍，與右脅侍月光菩薩在東方净琉璃國土中，并爲藥師佛的兩大輔佐，也是藥師佛國中，無量諸菩薩衆之上首。

日光菩薩與藥師佛的關係很深遠。在久遠的過去世中，電光如來行化於世間。當時有一位梵士，養育二子，父子三人有感於世間的濁亂，於是發起菩提心，誓願拯救病苦衆生。電光如來對他們非常讚嘆，勸梵士改名爲醫王，二子改名爲日照、月照。這位蒙受電光如來咐囑的梵士，成佛後就是藥師如來，二位兒子也就是日光、月光兩大脅侍，而日照就是日光菩薩。

日光菩薩的名號，是取自“日放千光,遍照天下,普照冥暗”的意思。此菩薩依其慈悲本願，普施三昧，照耀法界俗塵，摧破生死暗黑，猶如日光之遍照世間，故取此名。

日光菩薩與觀世音菩薩的大悲咒也有密切關係。持誦大悲咒者，日光菩薩當與無量神人來爲作證，并增益其效驗。凡是持誦大悲咒者，如能再持日光菩薩陀羅尼，當能得到日光菩薩護持。

單獨出現的日光菩薩并不多見，常是與月光菩薩、藥師佛一起構成一佛二菩薩的格局。這時的日光菩薩像，一般爲身披天衣，頭戴寶冠，或手持蓮花，蓮花上有象征太陽的日輪。

十四、月光菩薩

月光菩薩，爲藥師如來的脅侍，又稱作月净菩薩、月光遍照菩薩。《灌頂經》卷十二記載：有二菩薩，一名日曜，二名月净，是二菩薩次補佛處。據《藥師如來本願經》記載，月光菩薩與日光菩薩，同爲無量無數菩薩衆之上首，次第補佛處，悉能受持藥師如來的正法眼藏。

《覺禪鈔》引《藥師經疏》卷一曾提到，過去世電光如來時，有一梵士醫王，養育日照、月照二子，發心願利樂衆生，二子亦發願供養。梵士醫王即是今日的藥師佛，二子即是日光、月光二菩薩。

依《修藥師儀軌布壇法》載，"月光菩薩與觀世音的大悲咒，也有密切的關係。凡是至心持誦大悲咒的修行者，月光菩薩也會與無量護法來護持；如果能再加誦月光菩薩陀羅尼，則月光菩薩當會加以庇護，使持咒者除去一切障難與病痛，并成就一切善法，遠離各種怖畏。"

另外，月光菩薩在密宗也是金剛界曼荼羅賢劫十六尊之一，胎藏界曼荼羅文殊院中的一尊。在金剛界曼荼羅中，月光菩薩位列微細會等第二院子西邊，在光網菩薩與金剛燈菩薩之間，密號清凉金剛，或曰適悦金剛，三昧耶形爲半月形。《觀想曼拿羅經》中説其身呈白色，右手持開敷蓮花，花上有月，左手握拳按腰側。

胎藏界曼荼羅中，月光菩薩位於文殊院妙吉祥的右方，在妙音菩薩與無垢光菩薩之間，密號爲威德金剛，三昧耶形爲青蓮華上置之半月形。右拳當腰執蓮花，花上安半月，左手竪拳持合蓮花，跏坐蓮臺。

十五、藥師琉璃光如來佛會

　　藥師佛，全名爲藥師琉璃光王如來，通稱爲藥師琉璃光如來，簡稱藥師佛。依《藥師如來本願功德經》所說："東方過娑婆世界十恒河沙佛土之外，有佛土名爲净琉璃，其佛號爲藥師琉璃光如來。"

　　藥師琉璃光如來的名號來源，是以能拔除生死之病而名爲藥師，能照度有之黑暗故名琉璃光。現爲東方琉璃世界教主，領導着日光、月光遍照兩大菩薩及眷屬，化導衆生。

　　療治一切衆生的身心之病，是藥師如來的本願，而琉璃光是他本願所展現的特殊造型，因爲他要拔除一切衆生的生死、苦惱、重病，所以名爲藥師。因爲藥師有如此清净的本願，所以他在身相上所顯現出來的身，是完全透明無礙的琉璃光。藥師如來不僅醫治我們身體上的疾病，也醫治我們的智慧，悲心俱不圓滿的心靈。因爲衆生一開始，無法感受他深刻的願力，所以他先醫治好衆生的疾病，再醫治衆生的心。

　　藥師如來在過去行菩薩道時，曾發十二大願度衆生。關於藥師如來的形象，在《藥師琉璃光王七佛本願功德念誦儀軌·供養法》中說："安中心一藥師如來像，如來左手令持藥器，亦名無價珠，右手令作結三界印，着袈裟，結跏趺坐於蓮花臺，臺下十二神將，八萬四千眷屬上首令安，又令安坐蓮臺，如來威光中令住日光、月光二菩薩。"

　　此圖是根據清宮畫家丁觀鵬《法界源流圖》藥師琉璃光佛會所繪。此畫有四十餘位的群體像，聚會於菩提樹下，藥師佛端坐於正中須彌座上，右手作安慰印，左手放置腹前；足踏蓮花、背有祥雲、頂放光明，有塔式華蓋瓔珞。佛兩側倚坐蓮坐者，左爲日曜（日光遍照）菩薩，右爲月净（月光遍照）菩薩，頂部均有華蓋瓔珞。佛前供案兩旁有二跪着的菩薩及二藥童子。迦葉、阿難及藥師八大菩薩、十二神將等衆分列兩側。場面浩浩蕩蕩，人物衆多，色彩絢麗，是一幅極爲珍貴的畫像。

十六、三世佛

　　三世佛分爲兩種：一爲竪三世，二爲橫三世。竪三世，是指過去、現在、未來這三個時間概念。竪三世佛，即是過去佛、現在佛、未來佛。

　　我們應該知道，時間的過去、現在、未來都是時刻在變化的，沒有一個固定不便的常數，那么佛教如何來區分竪三世呢？人們還是找到了一種方便，即以佛教的創始人，本師釋迦牟尼佛來劃分這三個時間概念，先於釋迦牟尼佛，從久遠劫前便已成佛的，便稱爲過去佛；釋迦牟尼開啓了佛教的紀元，故稱現在佛；在今後久遠時間以後成佛的即未來佛。亦有直接指燃燈佛爲過去佛，釋迦牟尼爲現在佛，彌勒佛爲未來佛。

　　橫三世，是空間概念，即指時間相同而空間不相同的三尊佛。即指東方琉璃世界藥師琉璃光如來、中方娑婆世界釋迦牟尼佛、西方極樂世界阿彌陀佛。此處是指橫三世佛，圖像是根據佛教水陸畫所繪，有關橫三世佛的具體解釋，請看釋迦佛、藥師佛和阿彌陀佛的專門解釋。

81. 三世佛　131 厘米 × 91 厘米

82. 三世佛之一　釋迦牟尼佛　120 厘米 × 55 厘米

83. 三世佛之二　阿彌陀佛　120厘米 × 55厘米

84. 三世佛之三　藥師佛　120 厘米 × 55 厘米

十七、十方佛

這裏的十方佛是按《華嚴經》法界安立圖所説："東、南、西、北、東北、東南、西北、西南，加上下共分十方。"亦代表千佛，無量諸佛之意。

"佛"意爲覺悟者，泛指一切覺悟得道者。大乘教義認爲衆生都有證悟佛教真理的可能，因此人人都能成佛。大乘佛教還認爲：時間是無始終的，空間是無邊際的，時間和空間都没有窮盡。

從無始終的時間來看，在不斷反復循環的過去、現在和未來中，曾經出現過，并且將來還會出現許許多多的佛。再從無邊無際的空間看，茫茫宇宙間，有無數個和我們一樣的"世界"，每一個世界都有一位佛在教化那兒的衆生。上下四維，過去未來，十方三世有無數位佛。佛教經典記述：在法界成、住、壞、空循環成滅的過程中，現在的時間大劫稱爲賢劫。在賢劫中，即將出現於世的有千位佛陀。

小乘經典，通常只説過去有四佛或七佛出現。大乘則説：現在的賢劫有千佛，過去的莊嚴劫，未來的星宿劫，都各有千佛出世。

其中，在過去七佛之中，前三佛相當於莊嚴劫千佛的最後三佛。拘留孫、拘那含牟尼、迦葉、釋迦牟尼等四佛，已在賢劫的世間出現。而賢劫第五佛彌勒佛，以及下至樓至佛等九百九十六佛，則在未來世將會出現。

自古以來，佛教界對賢劫千佛的信仰，都很盛行，印度阿彌陀佛第十號洞窟、新疆地區的龜兹千佛洞、于闐千佛洞、卡達里克廢寺的壁畫，都是描繪賢劫千佛的作品。

中國南北朝時期已有造千佛的事例，如《法苑珠林》卷一百即載有北魏道武帝造千尊金像之事。現在河南鞏縣石窟，即存有北魏以來所塑造千佛像，敦煌千佛洞也藏有許多千佛壁畫。

十八、毗盧遮那佛

毗盧遮那，亦稱毗盧舍那佛，譯光明遍照、光明普照或大日，源於古印度人對日神的崇拜。大乘將毗盧遮那佛比作太陽，因此佛之身光和智光，毫無障礙地遍照宇宙法界，而圓明無缺之意。據《梵網經》説：蓮花藏世界獲得正覺的盧舍那佛，在千葉蓮瓣上正化現百億釋迦，每一釋迦又於每一國土上説其正法。把所有的蓮瓣合起來即爲百億世界。毗盧遮那端坐蓮臺中央，表現其所轄範圍有着無邊無際的空間。據我國長安五重寺的道安大師及天台宗的荊溪大師講，毗盧遮那是法身佛，盧舍那是報身佛，而釋迦牟尼是應身佛。盧舍那佛於釋迦牟尼佛是同體不二的覺體。因釋迦牟尼佛只限於閻浮提娑婆世界一州的教主，而盧舍那佛則是三千大千世界的教主，總統宇宙全體。

在密宗的毗盧遮那爲最高尊神，是《大日經》和《金剛頂經》的主尊。密宗又稱摩訶毗盧遮那如來，摩訶是大的意思，所以又稱大毗盧遮那或大日如來，大光明遍照等。與其他如來（包括毗盧遮那如來）所不同的是大日如來現菩薩形，頭係高髻，戴寶冠，身上飾物華麗。或表示大日如來乃統轄如來、菩薩、明王、諸天尊神的王者身份。密教謂宇宙萬物皆大日如來所顯現，表示其智德的稱爲金剛界，表現其理性的稱胎藏界。兩界大日如來兩手在胸前，用右拳握左拳的第二指是爲智拳印，以釋明智、果的行爲世界；胎藏界大日如來，一般把左掌仰放在結跏趺坐的膝上，在將右掌印叠在左掌之上。一如禪定印，是爲法界定印，以象征理智的徹悟境界。

大日如來的造像有單尊和五位一體（一稱五智如來）兩種形式。金剛界五體如來爲：大日、阿閦、寶生、阿彌陀、不空成就；胎藏界爲：大日、寶幢、開敷華王、無量壽、天鼓雷音。這些如來除阿彌陀和阿閦兩如來外，其它如來不見獨立經典。金、胎兩界的大日如來俱在中央，另外如來各在本界的東南西北四方位。

毗盧遮那的世界，是統一一切的世界，雖然有各種各樣的曼荼羅，但均是由大日體係延擴大出來的，大日如來始終是統轄宇宙的中心。在曼荼羅上，釋迦佛、阿彌陀佛等其他諸佛，以及各大菩薩、明王、護法神天，均有着各自的位置。而他們所代表或象征的各種要素在與曼荼羅中所處的位置相對照，都非常切合。就金、胎兩界主尊均是大日如來又表明了理智不二，金胎爲一，兩者攝取宇宙萬有爲一體的本質。有的認爲，胎藏界主女性（慈悲），金剛界主男性（智慧）。

88. 毗盧遮那佛　135 厘米 × 70 厘米

十九、大日如來

大日如來係密宗供奉的本尊，占金、胎兩部曼荼羅的主座。大日是照遍宇宙一切萬物的大日輪，凡是在世間的一切事物，不單是人間甚至於極微小的禽蟲草木，均蒙受到大日的恩惠。誰能够不享受大日輪之光明，而能安住於大法界的呢？所以説大日如來是哺育一切世間萬物之慈母，亦即爲兩部曼荼羅主尊的理由。

大日如來是梵語摩訶毗盧遮那的意思，也有譯作爲大光明遍照、大日遍照、遍一切處的。雖然其譯法各不相同，而其意思則是一樣的。即摩訶是大，毗盧遮那是光明遍照的意思，此即顯揚遍照宇宙一切萬物，而無絲毫障礙的法體。

大日如來對內照彼真如法界，對外照彼一切衆生而無障礙，具有衆德圓滿，常住不變，身土融通，集一切衆生及諸佛如來之心性，更於衆生心中，能存本來法爾，遍照一切處，因此稱爲光明遍照。

《大日經疏》説："梵音毗盧遮那，是日之別名，他能使黑暗變爲光明之意也。"然日之光，只能在白天照在物體的外面，大日如來智慧之光，無論何時，都可以照遍一切事物的外面及裏面，更無晝夜之分。大日的光明照至閻浮提時，一切的草木叢林，都依其性質分別生長，世間的一切，亦得成就。如來之光，是平等的照遍法界，能啟發無數衆生之種子善心，依此因緣，世間與出世間的一切，亦得成就，普通的太陽是不能與之相比的，遂在日上加了一個"大"字，而稱之爲大日如來。

大日如來爲密宗根本教典《大日經》和《金剛頂經》的教主，且爲金胎兩部曼荼羅的主尊，故非常被重視。他的形象表示方法，在大自在天宮説法的時候，於《大日經疏》的記載如下："此宮是成就古佛的菩薩處，那所謂摩醯首羅天宮，佛身爲閻浮檀金紫磨金色，如菩薩像，頭戴髮髻恰如冠形，通身放出種子色光，身披絹，此即在首陀會天成最正覺的標幟。"彼界諸聖天衆，衣服輕紗，本質嚴靜，不假以處飾。

但世間普通的形象，并非全依經軌的記載相同，頗有差異。其在兩部曼荼羅內爲主的主尊之形象，可作爲代表之形象。如在金剛曼荼羅內，表示大日的意思，稱之爲大日智法身，即印象爲智拳印。在胎藏界曼荼羅內，表示理大日的意思，稱之爲大日理法身，其印相爲法界定印。

又有説："大日如來，在於八葉蓮華臺上，通身金色，如菩薩形，結跏趺坐於寶蓮華上，頭戴五佛寶冠，着白繒，頂背是五彩交雜的圓光，頭光形如雲，光爲重光如彩地數重。紺髮拂肩，耳戴金鐺，頂頸上着重杳，衆寶瓔珞，及青珠鬘、華鬘等，垂至膝上，兩臂戴瓔珞，兩腕戴金環。或臂着釧，兩掌相叉，右手在上，左手在下，大拇指相拄，仰掌，在臍下作入定相，白色輕紗上衣，各種錦繡的下裙，青錦縵袴，綠繒爲帶。"由此可知佛身的莊嚴。

現在的大日如來像，不論是繪畫或雕刻，均爲坐像，没有立像或倚像。其雕刻的材料幾乎限用木材，這是依此的性質而規定的。

89. 大日如來之一　89 厘米 × 58 厘米

90. 大日如來之二　95 厘米 × 84 厘米

91. 大日如來之三　115 厘米 × 80 厘米

92. 普明大日如來　87 厘米 × 62 厘米

二十、盧舍那佛

　　盧舍那佛在中國常被視爲報身佛。在中國寺院的課誦本中，有"清淨法身毗盧遮那佛，圓滿報身盧舍那佛，千百億化身釋迦牟尼佛"的課誦文，深植於佛教徒的心中。其實就梵文原意來說，毗盧遮那與盧舍那都是梵文"Vairdana"的譯名，也全是光明遍照之義。只是因爲在晋譯的六十卷《華嚴經》中，將"Vairocana"譯爲盧舍那佛，而在唐譯的八十卷《華嚴經》中則爲毗盧遮那佛，其實都是同一尊佛陀。

　　智者大師在《法華文句》卷九（下）中説："毗盧遮那佛爲法身如來，盧舍那佛爲報身如來，釋迦牟尼佛是應身如來。"這是依據《觀普賢菩薩行法經》中叙述毗盧遮那爲身遍一切處，因此以之爲法身如來；《梵網經》中叙述盧舍那佛爲千葉蓮臺之主，因此以其爲報身如來。

　　我們若以盧舍那佛是報身如來的觀點來看，所謂報身如來或報身佛，在佛陀的法、報、化三身中，是代表修集無量的福慧資糧，而生起無邊功德的佛身。而這也是由因位中發起無上菩提的本願，并圓滿一切菩提妙行所修證成就，以受用佛果境界的佛身。所以又稱受用身，或是受法樂身。

　　《梵網經》記載，盧舍那佛已修行經過百阿僧祇劫，成佛以來安住在蓮花臺藏世界。這蓮花臺周遍有一千蓮葉，每一葉都是一個世界，因此共有一千世界。

　　而在每一葉的世界中，又有百億座的須彌山，百億的日月，百億的四天下，百億的南閻浮提，百億的釋迦牟尼佛現身説法。因此共有千百億數的釋迦牟尼佛正在説法，接引微塵數般的衆生。這無量無數化身的釋迦牟尼佛，都是由盧舍那佛所化現的。

93. 盧舍那佛之一　130厘米 × 70厘米

二十一、阿閦如來

阿閦如來正名爲阿閦婆耶，譯爲不動、無動、或無怒、無瞋恚等。係東方妙喜世界（又稱善快妙樂）的教主，在東密教義占金剛界的中央，大日如來東邊的位置。據《阿閦佛國經》卷上《發意受慧品》與《善快品》所載："過去東方去此千佛刹，有阿比羅提世界，大日如來出現其中，爲諸菩薩説六度無極之法；其中有一菩薩，聞法後發無上正真道意，發願斷瞋恚，斷淫欲，乃至成就最正覺，大日如來歡喜而賜號'阿閦'。"阿閦菩薩遂於東方阿比羅提世界成佛，現仍在那裏説法度衆。

又據《法華經》卷三《化城喻品》載："大通智勝佛未出家時有十六王子，後皆出家而爲沙彌，其第一子爲智積，即阿閦，於東方歡喜國成佛。"《悲華經》卷四載："阿彌陀佛於過去世爲無諍念王時有千子，其第九子蜜蘇即阿閦，在東方成佛，國號妙樂。"

密教以此佛爲金剛界五佛之一，象征大圓鏡智。位於五解脱輪中之正東月輪中央，前方爲金剛薩埵，右方爲金剛王菩薩，左方爲金剛愛菩薩，後方爲金剛喜菩薩。形像爲金黃色，左手作拳安於臍前，垂右手觸地，即所謂阿閦佛觸地印，密號爲不動金剛。三昧耶形爲五股杵。

95. 阿閦如來　130 厘米 × 70 厘米

二十二、寶生如來

寶生係梵名，音譯爲囉怛羅三婆縛，爲密教金剛界五佛之一。位於金剛界曼荼羅成身會等之五解脱輪中，正南方的月輪中央。此尊以摩尼寶福德聚功德，能滿一切衆生所願，更能於行者昇至法王位時予以灌頂。爲五部中之寶部所攝，主五智中之平等性智。

此尊密號爲平等金剛，三昧耶形爲寶珠。其形象於金剛界諸會中互有差異，如於成身會中，全身呈金色，左手握拳置於臍下，右手向外展開，而無名指、小指稍屈，其餘三指舒展，結施願印，結跏趺坐於蓮花座上。另依《大樂金剛薩埵修行成就儀軌》載："其身黄色，左手握拳，持衣角置於胸前，右手作施願印。"

又據《金光明經》卷一、《觀佛三昧海經》卷九、《陀羅尼集經》卷十等所説，此尊於四方四佛中，相當於南方寶相佛，亦相當於《金光明最勝王經》卷八所説之南方寶幢佛。

此外，《守護經》中記載，寶生佛的印契是滿願印，即左手持衣角當心，右手仰掌。修法時，觀想自身都融成金色，此身即成爲寶生如來。并從頂上放出金色光明，現出無量金色菩薩，各個手中雨下如意寶，光照南方如恒河沙般的世界。衆生如遇此佛光，則所有的願求都能得到滿足。這種觀想法，也象征寶生佛"滿足衆生所求"的本願。

96. 寶生如來　140 厘米 × 70 厘米

二十三、寶幢如來

寶幢如來，音譯爲囉怛曩汁睹。位於密教胎藏界曼荼羅中臺八葉院東方之佛。赤白色，即日出之色。寶幢，爲以菩提心統帥萬行而降伏四魔軍衆的標幟，密號福壽金剛，福聚金剛。爲如來轉第八識而得大圓鏡智所成，此鏡智含藏一切智德，故又稱福壽。其形相，左手爲拳，安於脅，右手垂而觸地，種子爲無點的引字，爲初發菩提心之故。金剛界即是阿閦如來，密號同，是四種法身中自受用身。《大日經》説："東方號寶幢，身色如日暉。"次於四方八葉上觀四方佛，東方觀寶幢如來，如朝日初現，赤白相輝之色。

寶幢是發菩提心之意也，譬如軍將統禦大衆，要得幢旗然後部分齊一，能破敵國，成大功名。如來萬行亦復如是，以一切智願爲幢旗，於菩提樹下降伏四魔軍衆，故以爲名也。

寶幢如來的形象爲身呈淺黄色，着赤色袈裟，偏袒右肩，左手向内，執持袈裟之二角置於胸，右手屈臂，稍豎而向外開，復稍仰掌垂指，作與願印，結跏趺坐於寶蓮上。

又有人以爲寶幢如來與東方的阿閦如來，《阿彌陀經》中的西方寶相佛，《稱贊净土佛攝受經》的西方大寶幢如來同尊。

97. 寶幢如來　90 厘米 × 56 厘米

二十四、開敷華如來

開敷華如來，位於胎藏界八葉中南方之佛。經書稱華開敷。疏云：
"沙羅樹王開敷佛，金色放光明。"屬於離垢三昧的佛相，爲平等性
智所成，司五德中第二修行之德，長養大悲萬行開敷萬德，故稱華開敷。
密號平等金剛。在金剛界即寶生如來。《大日經》曰："南方大勤勇，
遍覺華開敷。金色放光明，三昧離諸垢。"疏曰："南方觀婆羅樹王
華開敷佛，身相金色光明如住離垢三昧之標相，自菩提心長養大悲
行。"今成遍覺，萬德開敷，故以爲名。

98. 開敷華如來之一　90 厘米 × 60 厘米

99. 開敷華如來之二　105 厘米 × 75 厘米

二十五、天鼓音如來

　　天鼓音如來，胎藏界五佛之一，在中臺八葉院北方葉上。結金剛部定印，主大涅槃德。即金剛界不空成就佛，如釋迦同體，是四法身中的等流身。《大日經》真言品稱爲不動佛，《同入秘密曼荼羅位品》稱爲鼓音如來，不動之名，善無畏三藏或由義而立，或爲經文説。如由義主，則指涅槃不生不滅之德謂不動。天鼓雷音名出於《密藏記》：鼓音謂天鼓雖無形相而包容一切法音。《大日經疏》卷四曰："次於北方觀不動佛，作離清凉住於寂定之相，此是如來涅槃智，是故義雲不動。"非其本名也。本名應爲鼓音如來，如天鼓無形相亦無住相，而能演説法音，警悟衆生。大般涅槃亦復如是，非如二乘永寂，都無妙用，故以爲喻也。《秘密記末》曰："北方天鼓音如來，赤金色，入定之相。"

　　天鼓雷音如來的形象，周身金色，左手作拳，手心向上，安於臍下，右手指端觸地，結觸地印，跏坐寶蓮花。

100. 天鼓音如來　95 厘米 × 65 厘米

二十六、彌勒菩薩

彌勒菩薩，梵名爲“昧怛隸野”，譯作“慈氏”“又阿逸多”譯作“無能勝”等。父名爲修梵摩，母稱梵摩提跋，生於南天竺的婆羅門家，自幼立志修道，中途得釋尊之教化，而隨順他，授記他以後能爲補處的菩薩，能成佛。一説他早釋尊出世四十二劫，奉侍於思善佛，早已成佛，現住兜率天内院，説法化行；經過五十七億六千萬年後，人壽八萬歲時，再降生於閻浮提下，在龍華樹下成道。開三大法會，濟度一切在釋尊出世時所没有濟度的衆生，所謂龍華三會，就是要等待彌勒菩薩的降生濟世。

彌勒在密教胎藏界曼荼羅内，位於中臺八葉院的東北方。在金剛界曼荼羅内，位於賢劫十六尊的東方。在曼羯摩會三十七尊西方的金剛因菩薩，即係此尊的别名。又在胎曼的大輪金剛，則是此尊的忿怒身。

現在彌勒菩薩在兜率天内院説法，梵名爲都史陀天，其意思即係第六天中的第四重天，在夜摩天之上。他的住所，正對五欲境界，喜行善作樂，故名喜樂天。他現説法的兜率天宫，全是摩尼寶殿，分内外兩院；住院外者，壽命四千，住院内者，其壽量無限製；雖有火、水、風三大災難，也不能對此境域有所損害。内院又分四十九院，他坐在説法院，五十七億六千萬年後，再降生於世間。

在中國，彌勒信仰很早就已流行。西秦時就已出現了繪製彌勒像（甘肅炳靈寺石窟）。五代、宋代以前的彌勒像，主要有菩薩形和如來形兩大類，分别根據《彌勒上生經》和《彌勒下生經》所作。菩薩形的彌勒像主要表現了彌勒菩薩上生兜率天宫爲諸天説法的形象。這時的彌勒像是身穿菩薩裝，兩脚交叉而坐。或是以左脚下垂，右手扶臉頰的半跏思惟形，表示了彌勒在兜率天宫等待下生的情形。如來形的彌勒佛像表現了彌勒下生成佛後的形象，與釋迦佛的造型没有多大區别。大約北魏時漸漸流行對彌勒的信仰，同時也開始出現穿上佛裝的彌勒佛像。五代以後，民間還有笑口大肚彌勒像。

101. 彌勒菩薩　96 厘米 × 65 厘米

二十七、彌勒佛

彌勒，意爲"慈氏"，是慈悲爲懷的意思。佛經中慈悲就是除去痛苦，給予歡樂。彌勒是姓，名"阿逸多"，意爲"無能勝"。彌勒生於古印度南天竺一個大婆羅門家族，大婆羅門在印度是高貴的種族。據《彌勒下生經》講述，當時的轉聖王穰佉將七寶幢奉獻給彌勒，彌勒把它施舍給婆羅門，但七寶幢却被婆羅門的衆將折斷。彌勒看到這么一座精美絶倫的七寶妙幢樓閣在頃刻間化爲烏有，深有感觸，感嘆世間事事無常。於是彌勒放弃了自己優越的貴族生活，剃度出家皈依了佛門，并修成菩提正果。彌勒與釋迦牟尼是同時代的人，釋迦牟尼佛因爲弟子舍利弗發問，預言彌勒菩薩將來會繼承自己的衣鉢示現世間教化衆生，同時還預言了彌勒將會先於佛陀離開這個世間，全身釋放紫色金光，上昇到彌勒净土——兜率天。在那裏，彌勒與諸天神演説佛法，直到釋迦牟尼佛滅度後五十七億六千萬年時，才從兜率天宫來到人間。

兜率天是佛教欲界中的天界，意爲"妙足"。兜率天分爲内外兩院，外院是諸神的公園，内院是彌勒居住的地方，稱爲"彌勒净土"。兜率天雖然在欲界，但由於彌勒願力的加持變得莊嚴神聖，四周散發着怡人的香氣，潔净的地上會涌出甘甜的清泉，如意果樹香氣四溢，所用衣物也生於樹上，隨意取用，地上會長出没有稻殼的稻米，金銀珠寶更是鋪滿各處。

一般彌勒佛都供在天王殿中，殿内兩旁是四尊威武高大的四大天王。他們肩負着風調雨順的職責，成爲人們五穀豐登、天下太平的守護者。南方增長天王，能讓衆生增長善根，他手持寶劍，護持佛法。東方持國天王，他慈悲爲懷，保護衆生，護持國土；他又是主樂神，手持琵琶，用音樂使衆生皈依佛教；琵琶作爲法器又是降魔的威力武器。北方多聞天王，護持佛陀説法道場，常聞佛法，故名多聞；他手持混方珍珠寶傘，用以降魔。西方廣目天王，他能睜開天眼洞察世界，護持衆生安寧；他手執紫金龍或花狐貂。

唐末五代時期，浙江奉化有一個胖和尚，人們都叫他"契此"。他的形象十分特異，身材矮胖而且袒胸露腹，手裏經常提個大袋子，每次化緣都把得到的食物隨手扔進袋子裏，所以人們都叫他"布袋和尚"。他總是笑呵呵的，説話也語無倫次，但仔細想想，他説的却十分有道理。他經常幫人預測未來吉凶，人們都稱他爲奇人。一天，他盤腿端坐在奉化岳林寺前的磐石上，口中念着偈語："彌勒真彌勒，分身百千億；時時示時人，時人自不識。"説完這個偈語後便安然圓寂。人們聯想到他平日的言談舉止，認定他就是彌勒佛化身來到世間度化衆生，於是就按照他的外貌形態塑造了現在的彌勒佛像。明太祖朱元璋曾下令讓全國寺院造大肚彌勒佛放置在天王殿中。慈眉善目、笑口常開的大肚彌勒一直被中國的信衆供奉至今，并影響到東南亞一帶。

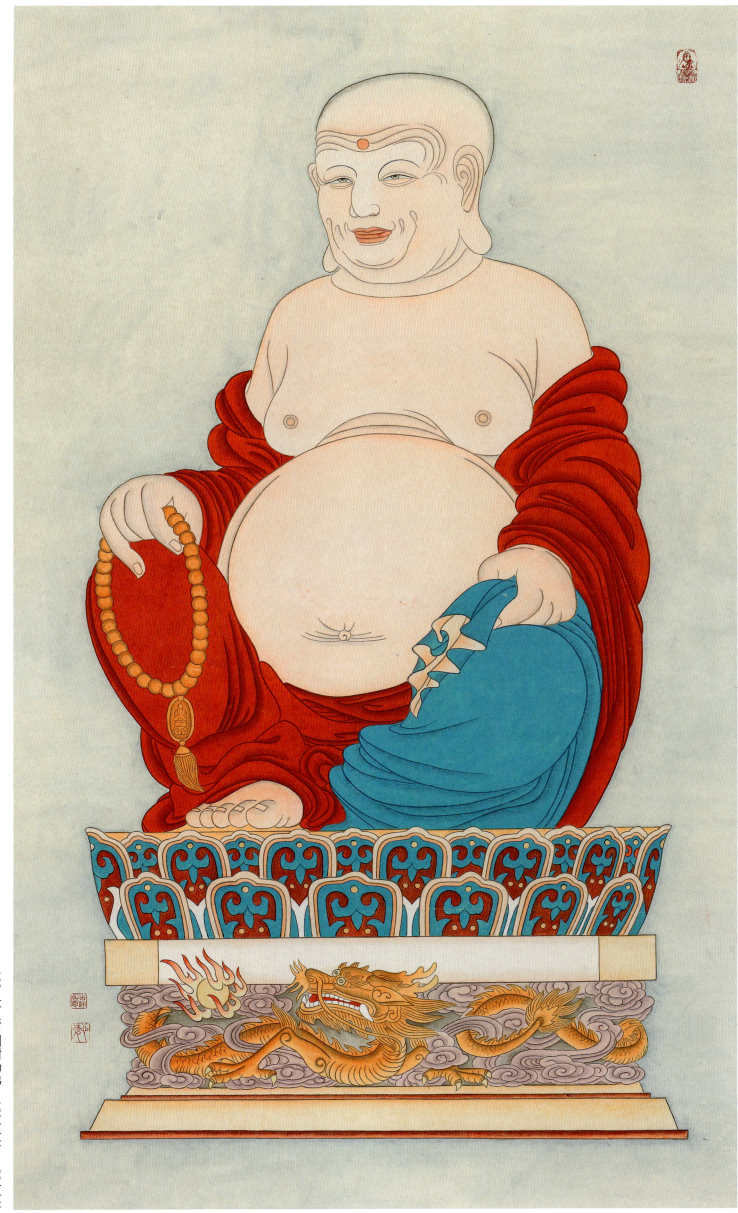

103. 大足石刻彌勒佛　152厘米 × 89厘米

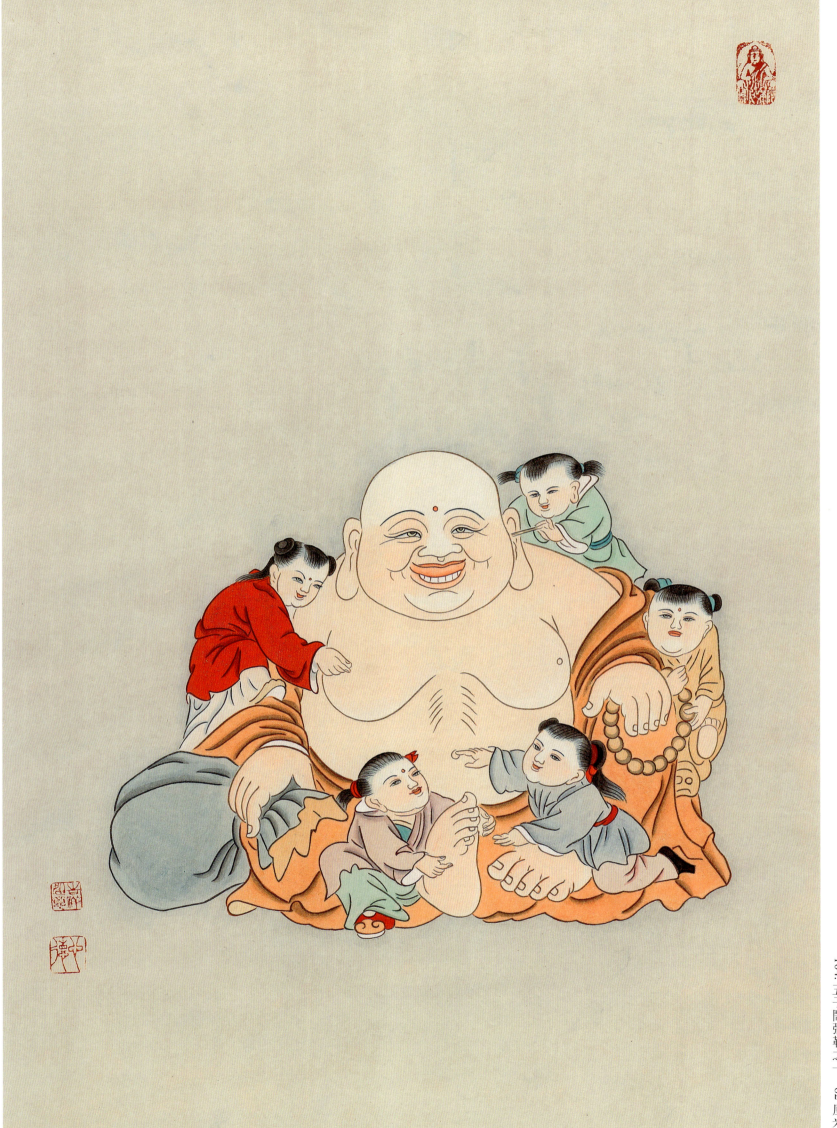

105.五子鬧彌勒之二　93 厘米 × 60 厘米

二十八、地藏菩薩

在我國流傳的許多佛菩薩像中，其聲名最廣、功法最顯著的，要算地藏菩薩爲第一。此尊梵名音譯爲"乞叉底蘗婆"。譯作地藏、持地、妙童、無邊心等。地爲住處之義，藏爲含藏之義。即地藏菩薩受釋尊之付囑，於佛陀入滅後至彌勒菩薩成佛前之間無佛時代，自誓地獄不空誓不成佛之菩薩。爲中國四大菩薩之一，關於地藏菩薩之名義，《地藏十輪經》卷一以"安忍不動，猶如大地；静慮深密，猶如秘藏"故稱地藏。

據《大方廣十輪經》卷一序品《占察善惡業報經》卷上載，地藏菩薩由過去世之大悲誓願力，亦現大梵王身、帝釋身、聲聞身、閻羅身、獅、象、虎、狼、牛、馬身，乃至羅刹身、地獄身等無量無數異類之身，以教化衆生；并特別愍念五濁惡世受苦衆生，應衆生所求而消灾增福，以成熟衆生之善根。地藏菩薩常變現如是無數之化身濟度衆生，故又稱千體地藏。

地藏菩薩本願故事，有多種説法。據《地藏菩薩本願經》卷上《忉利天宫神通品》載："地藏菩薩於過去久遠劫前，爲大長者子，因見師子奮迅具足萬行如來之相好莊嚴，而産生恭敬景仰之心，爲證得此莊嚴之相，而發願盡未來際不可計劫，度脱六道受苦衆生。"同經同品又稱，地藏菩薩爲過去不可思議阿僧祇劫時，有一婆羅門女，爲救度其母出離地獄，而爲母設供修福，并發願盡未來際劫廣度衆生。又《地藏經·閻浮衆生業感品》亦舉二説：(1)地藏菩薩於過去世久遠劫時爲一國之王，其國内人民多造衆惡，逐發願度盡罪苦衆生皆至菩提，否則不成佛。(2)地藏菩薩於過去久遠劫時爲一女子，名光目。其母墮於地獄受苦，光目爲救度之，而發願拔出一切罪苦衆生，待衆生盡成佛後，方成正覺。

地藏菩薩之形象有多種。一般廣爲流傳之形象，爲内秘菩薩行，外現沙門形；左手持寶珠，右手持錫杖，或坐或立於蓮華上。在密教中，地藏菩薩爲胎藏界曼荼羅地藏院之主尊，呈菩薩形；左手持蓮華，華上有如意寶幢；右手持寶珠，坐於蓮華上。密號爲悲願金剛、與願金剛。金剛界曼荼羅中，南方寶生如來四近親中之金剛幢菩薩，與地藏菩薩同體異名。

地藏菩薩以悲願力救度一切衆生，尤其對地獄中之罪苦衆生特別悲愍，而示現閻羅身、地獄身等廣爲罪苦衆生説法，以教化度之。故一般又以閻羅王爲地藏菩薩化身。《地藏菩薩發心因緣十王經》中，即指出閻羅王之本爲地藏菩薩之説。我國民間信仰中，地獄思想受《地藏經》影響甚深，而視地藏菩薩爲地獄最高主宰，稱爲幽冥教主，其下管轄十殿閻王。近時於敦煌千佛洞即發現地藏與十王像。

108. 地藏菩薩之二　130 厘米 × 70 厘米

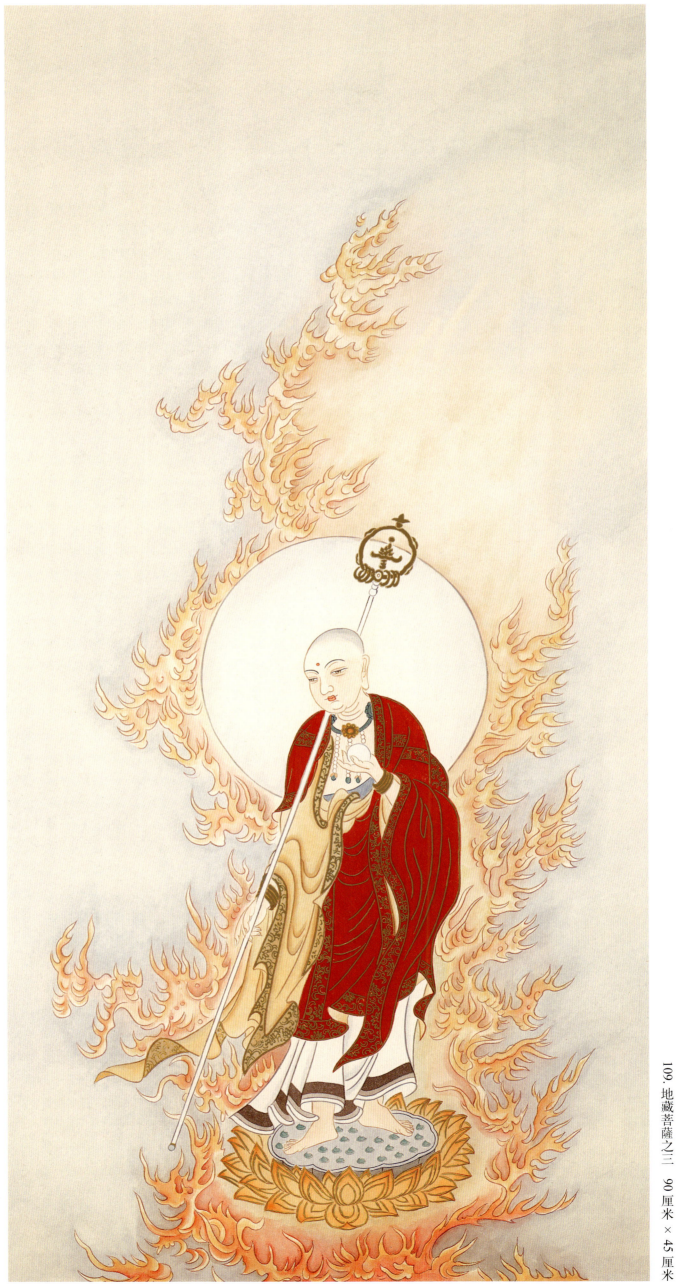

110. 地藏菩薩之四　89厘米×56厘米

111. 地藏菩薩之五　90厘米 × 60厘米

112. 地藏菩薩之六　125厘米 × 63厘米

114. 地藏菩薩之八　130 厘米 × 92 厘米

116. 地藏菩薩之十　152 厘米 × 79 厘米

二十九、地藏三尊

唐朝時，新羅國有位僧人叫金喬覺，法號"地藏"，他是新羅第七代國王金理洪的兒子，從小就厭倦宮廷奢華的生活，於是削髮爲僧。在唐玄宗時，乘船渡海來到中國。當他路過安徽池陽時，見九華山峰巒叠嶂、樹木茂盛、山泉瀑布不斷、鳥語花香，是個修行的好地方。於是，他停下來，在九華山結茅棚苦行修煉。這時他已經近六十歲，但身體非常健壯。後來得到樂善好施的山主閔公的護持。閔公早已聽說山中有一位叫地藏的新羅僧人非常虔誠地信奉佛法，便想邀請赴齋宴。地藏在齋宴上請求閔公施舍他一塊袈裟大的地方，作爲修行場所。閔公欣然答應，然而讓他驚奇的是地藏將袈裟一抖，竟把整個山都罩住了，在場眾人目瞪口呆，閔公更是心悦誠服，不但出讓了九華山，還捐資修建了"化城寺"。并讓兒子隨自己一同出家，護持地藏比丘。於是九華山成了地藏菩薩的道場，閔公父子也就成了地藏菩薩左右脅侍。

地藏菩薩雖是化城寺的開山祖師，但他仍然持戒苦修，深爲信眾敬仰。地藏比丘在九華山修行了幾十年，在他九十九歲的時候，一天，他召集弟子與眾人來到自己跟前，囑咐一番後，安然坐化。他的肉身被放在月宮寶殿裏，金喬覺生前虔誠信仰地藏菩薩，而他的容貌也與地藏菩薩極其相似，世人便認定他就是地藏菩薩的轉世。由於他姓金，所以又稱"金地藏"。人們在地藏圓寂三年後，准備開缸安葬時，却驚奇地發現他的遺體不但完好無損，而且綿軟，容貌寂静慈祥，像他活着的時候一樣，敲擊他的骨節會發出金鎖般的響聲。寺僧將地藏肉身移葬到三層寶塔之中，此塔被稱爲"肉身寶塔"。

金喬覺以九十九高齡示寂，肉身不壞，全身入塔。又因爲他生前篤行地藏菩薩的行願，更使世人相信他就是地藏菩薩的化現，相傳農曆七月十五爲地藏菩薩的誕辰，七月十三日則是其成道日，他入滅的那天是農曆七月三十日，世人便將此日定爲地藏菩薩的涅槃日。

作爲地藏菩薩道場的九華山，位於安徽青陽縣西南，方圓一百公里，有九十九峰，最高峰海拔一千三百四十二米。九華山廟宇和佛像最多時是唐代，那時曾有"九華一千寺，撒在雲霧中"的詩句。現在九華山尚有八十二座寺廟，六千多尊佛像，居四大佛山之首。其中最有名的是坐落在神光嶺上的肉身寶殿，據説地藏菩薩的肉身至今還保存在那裏。九華山的肉身殿，聞名遐邇，是全國最大的地藏道場，每年七月全國會有不少信徒來到九華山，到塔下膜拜，還會虔誠地通宵爲地藏菩薩"守塔"。

三十、韋馱菩薩

　　韋馱，梵名作私建陀提婆，直譯意爲陰天。他本是婆羅門教中的天神，後來成爲佛教護法諸天之一。相傳釋迦佛圓寂之後，諸天神和衆王商量火化遺體，收取舍利建塔供養之事。這時，帝釋天手持七寶瓶，來到火化場説："佛原先答應給他一顆佛牙，所以他先取下佛牙准備回去建塔供養。"時有羅刹鬼躲在帝釋天身旁，乘人不注意，盗去佛牙舍利。韋馱見狀奮起直追，刹時將羅刹鬼抓獲，取回舍利，贏得了諸天衆王的讚揚，認爲他能驅除邪魔，保護佛法。

　　此外，佛教中另外還有一位護法天神韋天將軍。相傳他姓韋名琨，是南方增長天王所率的八大神將之一。又是護法四天王手下三十二神將之首。有的人把韋馱天王與韋天將軍相混。

　　中國佛教寺院中韋馱菩薩的形象，大多爲身穿甲冑的雄壯武將樣。手持金剛杵，或以杵柱地，或雙手合十，將杵擱於肘間。體格魁偉，威武勇猛。面如童子，表示他不失赤子之心。

　　韋馱像一般都是金盔金甲，年輕英俊，威風凛凛，手執金剛杵。一身中國武將風格，像趙雲、馬超一類勇將。韋馱一般有兩種姿勢；一種是一隻手握杵拄地，另一隻手插腰。關於這兩種姿勢，其中還有點奧妙！"合掌捧杵者，爲接待寺，凡游方釋子到寺，皆蒙供養。按其杵拄地者則否，可一望而知也。"

122. 韋馱菩薩之四　80厘米 × 130厘米

124. 韋馱菩薩之六　120 厘米 × 64 厘米

125. 韋馱菩薩之七　160 厘米 × 89 厘米

三十一、伽藍菩薩

　　一般到寺廟游覽，看到伽藍殿裏面供着關公，大多數人都不理解。實際上伽藍是僧伽藍摩的省稱，義云衆園。

　　當釋迦牟尼佛在世時，舍衛國有位長者名須達多，他能將財物布施貧困，人們稱他爲給孤獨長者。傳說他要請佛到舍衛國來說法教化，就同佛的弟子舍利弗選擇地方供佛和弟子們居住。經過再三考慮，選定了舍衛國太子祇多的花園。但是太子没有出賣園林的意圖，便對給孤獨長者說："你若能在我的園地上布滿黄金，我便把花園賣給你。"給孤獨長者當真這樣做了。太子很受感動，便少要了他一部分黄金作爲買回樹木的價錢，二人共同請佛來住，這便是印度有名的祇樹給孤獨園。後來舍衛國王波斯匿王也皈依佛教，爲佛陀建立佛教的事業作出過很多貢獻。所以後代寺院的伽藍殿供的應是波斯匿王，左方是祇多太子，右方是給孤獨長者，以紀念他們護持佛教的功德。

　　關公即關羽，字雲長，河東解縣（今山西臨猗西南人）是三國蜀漢大將。爲什么把他列到寺院的守護神呢？

　　據說是隋代天台宗智顗在當陽玉泉山建精舍，山上出現種種恐怖現象，虎豹號叫，蛇蟒當道，鬼魅長嘯，陰兵血唇劍齒，形象丑陋。智顗安然以對。這時出二人"威儀如王，長者美髯而豐厚，少者冠帽而秀髮"。自通姓名，是關羽、關平父子。關羽說："死後主此山"。從未見過像大師一樣法力無邊的人，願舍此山爲大師作道場，并且願意永遠護衛佛法。智顗同意了，在寺院建成之後，爲關羽授五戒。

　　又有傳說：唐代高僧神秀到當陽玉泉山創建道場，見當地人都供養關羽，就拆毁了關帝祠。忽然關羽出現，向神秀講明前事，神秀就破土建寺，并讓關羽作寺院的守護神。後世人們就根據這些傳說把關羽列於伽藍神，在寺院中塑像供奉。

128. 伽藍菩薩之一　120厘米 × 60厘米

129. 伽藍菩薩之二　166 厘米 × 90 厘米

三十二、虛空藏菩薩

　　虛空藏菩薩：梵名"Akasagarbha"，又譯爲"虛空孕菩薩"，因爲他具足福德、智慧二種寶藏，無量無邊，猶如虛空廣大，所以稱爲"虛空藏菩薩"。他能出生無量寶物，滿足一切衆生欲求，可說是典型的財寶本尊，因此又被稱爲"如意金剛""富貴金剛""無盡金剛"。

　　據《大方等大集經》卷十六中佛陀告訴速辨菩薩説，虛空藏菩薩"於虛空中隨衆生所需，若法施、若財施、盡能施予，皆令歡喜，以是故，善男子！是賢士以此方便智故名虛空藏。"并說虛空藏過去世："於普光明王如來出世時爲功德莊嚴轉輪聖王之子，名'獅子進'，與'獅子'等諸王子舍世王位，出家修道。後爲度化功德莊嚴王的驕慢心，現無量神變。於虛空中現種種妙物，所謂華香、末香、塗香、繒蓋、幢幡，作種種天樂、美膳、飲食、瓔珞、衣服，種種珍寶皆從空中繽紛而下，雨如此寶，滿足三千大千世界，衆生得未曾有，皆大喜悦。爾時，從地神諸天，上至阿迦膩吒天皆歡喜踴躍，唱如是言，'此大菩薩可名虛空藏。所以然者，以從虛空中能雨無量珍寶充足一切。'爾時，世尊即印可其言名虛空藏。"

　　另有《別尊雜記》卷二中記載："虛空藏菩薩者，表一切如來恒沙功德福聚資糧，修瑜伽者於此部中，速成就所求一切伏藏，皆得現真多摩尼寶。"《覺禪鈔》引《大日經疏》十一云："如虛空不可破壞，一切無能勝者，故名'虛空'等歟。又'藏'者，如有人有大寶藏，施所欲者，自在取之，不受貧乏，如來虛空之藏亦復如是，一切利樂衆生事，皆從中出無量法寶，自在受用，而無窮竭相，名虛空藏也，此藏能生一切佛事也。"

　　《虛空藏菩薩神咒經》中，佛陀贊嘆虛空藏菩薩："禪定如海，净戒如山，智如虛空，精進如風，忍如金剛，慧如恒沙。是諸佛法器，諸天眼目，人之正道，畜生所依，惡鬼所歸，在地獄救護衆生的法器。應受一切衆生最勝供養。"可見這位菩薩功德之殊勝。

　　《虛空藏菩薩經》中則叙述，佛陀住在佉羅底翅山時，虛空藏菩薩從西方一切香集依世界的勝華敷藏佛所，與十八億菩薩來娑婆世界爲净土，使一切與會大衆兩手皆有如意摩尼珠，其珠放出大光明，遍照世界，并奏天樂，出生種種寶物。

　　由以上經疏中種種記載，不但可知虛空藏菩薩之所以名虛空藏，與財寶有着深密的因緣，更可以知道此財寶本尊虛空藏菩薩不僅可賜予衆生世間無量種種珍妙財寶，滿足衆生世間的需求，更能增進衆生意樂，施與種種法財，令一切衆生圓滿菩提，同時圓滿衆生福智二種資糧。

　　虛空藏菩薩在胎藏曼荼羅虛空藏院中爲主尊，身呈肉色，頭戴五佛冠。右手屈臂持劍，劍緣有光焰；左手置於腰側，握拳持蓮，蓮上有如意寶珠，坐於寶蓮花上。其所持的寶珠、劍，即代表福德、智慧二門。頂戴五佛寶冠，表示具足萬德圓滿之果德。右手持的寶劍表示其内證之智，身後之慧、方、願、力、智五波羅密菩薩由此産生。

　　虛空藏菩薩左手持蓮花，上有寶珠，寶珠有一瓣、三瓣或五瓣。一瓣寶珠表一寶相的菩提心；三瓣寶珠表胎藏之佛部、蓮花部、金剛部等三部；五瓣寶珠表金剛界三王智，亦即表内證之福德，自此流出布施、持戒、忍辱、精進、禪定五波羅蜜菩薩。其眷屬十波羅蜜菩薩，着羯磨衣，從虛空藏菩薩之福德智慧二莊嚴所化現。

　　此外，虛空藏菩薩也常化現爲天黑後第一顆出現的明星，因此也被認爲與明星天子是同體所現。

　　據《大日經》説此菩薩："披服白衣，左手持蓮花，華上有大刀印。刀印上遍生焰光，及諸眷屬皆坐蓮華上。此菩薩持如來等虛空慧，所以持大刀者，力慧之標幟也，披服白衣，潔净無垢。"形象有多種，又名金剛幢或金幢。

131. 虛空藏菩薩之一　95 厘米 × 65 厘米

132. 虛空藏菩薩之二　132 厘米 × 92 厘米

三十三、哼、哈二將

　　寺院的大門，一般是三門並立，中間是一大門，兩旁各一小門，所以叫"三門殿"。因佛寺多在山間，有"天下名山僧占多"之說，故也稱"山門殿"。寺院的山門殿裏，在門的兩旁常立兩位金剛像，二金剛爲鬼神力士之形，高二丈餘，威猛凜然可畏，儼然寺廟門神。

　　二位金剛成爲佛教門神有兩種説法。

　　一種説法是，此二金剛是手持金剛杵（古印度最堅固之兵器）護衛佛的夜叉神，又叫"執金剛"。傳説，釋迦常有手持金剛的五百個隨從侍衛。其中最重要者叫"密迹金剛"，是五百名侍衛之首。

　　密迹金剛原爲法意太子，他曾發誓説，皈依佛教後，要常親近佛，爲金剛力士，普聞一切諸佛秘要密迹之事。這也是其名諱"密迹"的來歷。於是，他擔當起把守寺院第一道大門的重任。不過，最初的金剛力士只有他一位，這很不符合中國傳統的"對稱""成雙"習慣。於是，又增加了一位，一左一右對稱地立於山門殿兩側。古印度也風行安置諸天及藥叉神等護法，以守護伽藍（寺院）的習俗。

　　《毗奈耶雜事》卷十七載："給孤獨長者施園之後……佛言，'長者！於門兩頰應作執杖藥叉，次傍一面作大神通變'。"這新增加的一位也是有來歷的，即著名的大力士"那羅延天"。那羅延天爲梵文的譯音，意譯爲"金剛力士""堅固力士""人中力士"等，本是具有大力的印度古神。唐朝慧琳《一切經音義》卷六載，那羅延又稱"毗紐天"，欲求多力者，如精誠祈禱供養此天，則多獲神力。此天多力，身爲綠金色，有八臂，乘金翅鳥，手持鬥輪及種種器杖，常與阿修羅爭鬥。因那羅延具有大力之故，後世將他與密迹金剛共稱爲二王尊，安置於寺門。因其被置於寺門兩側，又叫"右弼金剛""左輔密迹"。左輔密迹，是密迹金剛；右弼金剛，即"那羅延天"。

　　由於那羅延突出的大力士身份，所以阿彌陀佛的四十八大願的第三十二願是那羅延身願："我作佛時，生我國者，善根無量，皆得金剛那羅延身、堅固之力……若不爾者，不取正覺。"是説往生極樂世界之人皆可得那羅延金剛堅固之身。

　　民間習慣把二位佛寺門神叫做"哼哈二將"。這種叫法來源於明代著名神魔小説《封神演義》。

　　《封神演義》裏説，哼哈二將一個叫鄭倫，一個叫陳奇。"哼將"鄭倫本是商紂王的督糧上將，拜西昆侖度厄真人爲師。度厄真人傳他竅中二氣，碰到敵人把鼻子一哼，響如洪鐘，同時噴出兩道白光，吸人魂魄。周伐紂時，鄭倫每與人戰，常以哼鼻這一絕招取勝。後來鄭倫被周將鄭九公擒獲，投降了周武王，當上了武王的督糧官，仍以哼鼻取勝。後被商朝大將金大昇斬爲兩半。

　　"哈將"陳奇也是商紂王的督糧官，受異人秘術，養成腹內一道黃氣，張嘴一哈，黃氣噴出，見者魂魄自散。陳奇每與周將戰，則以哈氣絕招取勝。哈將陳奇與降周的哼將鄭倫接戰，一位鼻中噴出兩道白光，一位口中迸出一道黃氣，一哼一哈，彼此相拒，不分勝負。後來陳奇被哪吒打傷臂膀，又被黃飛虎一槍刺死。

　　周滅商後，姜子牙歸國封神，敕封鄭倫、陳奇"鎮守西釋門，宣布教化，保護法寶，爲哼哈二將之神"。

　　許多寺廟據此在山門塑哼哈二將神像。有些地區還將哼哈二將作爲門神，過年時一左一右貼在大門之上，至今還有這種門畫上市，頗受民間歡迎。其實，佛教經典中根本沒有"哼哈二將"之名。

133. 哼將鄭倫　137 厘米 × 91 厘米

134. 哈將陳奇　138 厘米 × 92 厘米

三十四、多聞天王、廣目天王

多聞天王：此天王爲護世四天王之一，別名爲毗沙門天王，梵名爲毗舍羅波，譯作遍門、善門、多門、或種子門等。他因常護如來道場并聞法，故名多聞天。此天原爲婆羅門教之神，名爲金毗羅，主掌暗黑界事務，一度歸依佛法，化爲光明神，最後爲施福護財善神，因其不忘初志，又別名爲金毗羅神。此天左手擎一座寶塔，此塔能吐出無量珍寶，授予一切衆生，使之能得大福德。此天爲護法天王時，住四天下中的北方，鎮護北俱盧州，故異名爲北方天。此尊常住地爲須彌山第四層的北水精宮，其隨從多爲藥叉及羅刹類之眷屬。

此天王的形象，多爲身穿甲胄的武將，面現忿怒恐怖之相。一手托寶塔，一手持拄地；或一手持戟，一手托腰。身青黑色，足踩二夜叉鬼。在中國佛教寺院中，因受民間神話影響，所塑多聞天像大多爲頭戴毗盧寶冠，一手持傘，以表福德之意。或坐或站，脚下踩有夜叉鬼。

廣目天王：此尊梵名爲毘樓撥叉，或毘流波叉，譯作雜語、非好報、惡眼、廣目及醜眼雜色等。亦爲護世四天王之一，專守護西方，即護持西牛賀洲。其常住世界爲須彌山第四層的白銀埵、龍及富單那類爲其眷屬。此天王以種種雜色，莊嚴諸根，其本誓爲懲罰罪人，使之遇到辛苦後，能起道心。其形象亦有多種，其執稍及索之像在《陀羅尼集經》內曰："毗嚕博叉天王像，其像大小、衣服、左手等相好，亦與前記之持國天同，不過其左手之刀改爲稍，右手執赤索。"其在胎藏界外金剛部院西方之形象，於諸説不同記內曰：周身黃色，有赤髮冠，其冠纏繒，繒端飛上。披甲，以緋縶淹肩，結於頸下。右手豎肘，握拳向身，持三叉戟，左手握拳叉腰。

135. 多聞天王　廣目天王　140 厘米 × 85 厘米

三十五、增長天王、持國天王

　　增長天王：此天王爲護世四天王之一，梵音毗樓勒叉或毗流駄迦，主守護南瞻部洲。其常住天宮，爲須彌山第四層之南琉璃埵。率名爲鳩盤荼的魅魔類及名爲薜荔多的餓鬼類，爲其眷屬。其本誓爲增長自他之威德，且有萬物能生之德分，由此得名，此天王爲般若十六善神之一時，名爲毗盧勒叉善神。

　　在胎藏界曼荼羅內，位於外金剛部院之南方，其形象在諸説不同記內曰：通身赤肉色，披着甲冑，肩上着緋端，目怒視，有鬚髯，右手握拳當妳下，持劍、左手握拳叉腰。又在《陀羅尼集經》內曰：毗嚕陀迦天王像法，其像大小、衣服、及左手均同前記之持國天王相似，右手執稍，稍根着地。此尊亦安置在四天王之一組內，很少有單獨供奉的。

　　持國天王：此天王亦爲護世四天王之一，專守護東勝神州地域，其梵名爲提頭賴吒，譯作持國，或安民。其常住天宮，是須彌山的第四層，在東勝神州的黃金埵。其隨從多爲乾達婆、羅刹及眷屬，此天爲般若十六善神之一時，名爲提頭羅吒善神。此天身着天衣，左手伸臂下垂持刀，右手屈臂向前，仰手，掌中托寶珠，另據《般若守護十六善神王形體》所説：“持國天王身青色，紫髮，面顯忿怒狀。着紅衣甲冑，手持大刀。”中國内地佛教寺院中的持國天王塑像，因受《封神演義》等民間神話影響，爲一手持琵琶，身披中國式戰甲的武將形象。

　　在胎藏界曼荼羅內，此天住於外金剛部院東方；其在此處之形象爲，身赤色，左手伸臂下垂，右手執刀，以種種天衣，裝飾其身。或右手執刀，左手掌中持寶珠。此天本誓爲賞善罰惡，護持國土，其持國安民尊名之由來，即在此。

136. 增長天王　持國天王　135 厘米 × 85 厘米

三十六、法海寺壁畫二十諸天之一

　　法海寺位於北京市石景山區，翠微山南麓。壁畫全稱爲《帝釋梵天禮佛護法圖》畫面位於殿內北墙左右兩側，全長 14 米，高 3.2 米，繪二十諸天像，全圖共有 36 個人物，人物高 1.2 米至 1.6 米。

　　此圖是北墙西側，畫面長 7 米，高 3.2 米，繪有部分二十諸天。依畫面自右至左排列順序爲：閻摩羅王、金剛密迹、散脂大將、鬼子母、月天、辨才天、菩提樹天、西方廣目、北方多聞、帝釋天等。

　　今根據有關經典對諸天略作解釋，其他如牛頭、長髮鬼、小孩等侍從均不作解釋。

　　1. 閻摩羅王天：是梵文的音譯，意譯爲雙王。原爲印度神話中管理地獄的主長，有時亦爲餓鬼道的主宰。佛教沿用其説，稱爲管理地獄的魔王。漢化後，多爲濃眉鉅眼虬髯王者相。

　　2. 金剛密迹：又稱金剛力士、金剛夜叉等。釋迦牟尼成佛後，常有五百執金剛（手執堅固武器的藥叉）隨從侍衛。其主領者即金剛密迹力士，手持金剛杵（降魔杵）。

　　3. 散脂大將：此尊別名爲半支迦，譯作密神，曾納鬼子母爲妻室，生五百子。爲毗沙門天之眷屬，是八大將之一，管領二十八部衆，身着甲冑，左手持金剛戟，表力大無窮。

　　4. 鬼子母：譯爲愛子母、歡喜母等，原爲婆羅門教中的惡神，專啖食小孩，稱之爲"母夜叉"。被佛化後，成爲專司護持兒童的護法神。

　　5. 月天：梵名爲戰捺羅，又叫月寶天子，或寶吉祥天子等，屬十二天之一。是大勢至菩薩的化身，原爲男相，漢化後爲青年后妃相。

　　6. 辨才天：是梵天之后妃，主智慧福德之天神。聰明而有辨才，又司音樂，故另名妙音天，美音天等。

　　7. 菩提樹天：原爲印度教的地神，守護菩提樹的天女。釋迦牟尼在菩提樹下打坐成道時，如遇下雨，她就用樹葉做傘爲佛擋雨，是最早的護法神。有一侍女爲之舉幡。

　　8. 西方廣目天：亦爲護世四天王之一，專守護西方，即護持西牛賀州。他能以净眼觀察護持世界，故名廣目。

　　9. 北方多聞天：四大天王之一。別名毗沙門天，此天原爲婆羅門教之神，名爲金毗羅。主掌黑暗界事務，後來歸依佛法，化爲光明神，最後爲施福護財善神。因他常護如來道場并聞法，故名多聞天。又爲北方守護神。

　　10. 帝釋天：直譯爲天帝。傳説在古代印度的神話中，此天是時常被提及的神，他常與阿修羅交戰，極其勇猛神武，一度投入佛法，爲忉利天之主神，住須彌山頂上之善見城，能統轄三十三天。來中國漢化後，帝釋天常作少年帝王相，男人女相，後又作女后相。

三十七、法海寺壁畫二十諸天之二

　　此圖在北墙東側，畫面長 7 米，高 3.2 米，繪部分二十諸天。依畫面自左至右排列順序爲：娑羯羅龍王、韋馱天、堅牢地天、摩利支天、日天、功德天、大自在天、南方增長天、東方持國天、大梵天等。

　　1. 娑羯羅龍王：在佛教中爲護法天神，漢化後爲中國式的龍王，作帝王相。

　　2. 韋馱天：譯作陰天。韋馱天是南方八大將之一，是四天王及三十二將的主位。受佛令，完成佛教護法大任，統帥東、南、西、三州，主利生化益，救濟一切衆生爲其本誓，古來欲建伽藍之場合，須先安奉此神像。

　　3. 堅牢地天：是梵文的意譯，音譯爲比裏低毗。原爲婆羅門教中的地神，男相，曾爲釋迦牟尼的福業作過證明，是佛教的護法天神，漢化後，作女后相。

　　4. 摩利支天：梵文的音譯，意譯陽焰光天。原爲印度神話中的光明女神。她常行日前，日不見彼，彼能見日，能利用隱身法救人苦難。在佛教中爲護法天神。

　　5. 日天：日天譯作日宮天子、寶光天子等。十二天之一，原爲印度太陽之神格化，能遍照四天下及四大洲，與守夜之月天子，兩兩相對，隨從四大天王。在佛教中爲護法天神，主司乾坤運轉。後漢化爲帝王相。

　　6. 功德天：是梵文至意譯，又名吉祥天女，音譯摩訶室利。原爲婆羅門教中命運、財富、美麗女神，掌管財富，散布吉祥，有大功德，故名。在佛教中爲護法天神，漢化後作爲后妃相。

　　7. 大自在天：音譯摩醯首羅天。是三千大千世界之主，是造化一切萬物的主宰者，凡人間所受之苦樂悲喜，悉與此天王之苦樂悲喜相一致。此天喜時，一切衆生均安樂。此天瞋時，一切衆生均受苦患。如果世界毀滅時，一切的萬物均歸於摩醯首羅天宮。原爲婆羅門教主神之一的濕婆，在印度神話中是毀滅之神，又是苦行和舞蹈之神。在佛教中他爲護法神，爲鎮東北方神。

　　8. 南方增長天：此天爲護世四天王之一，梵音毗樓勒叉，或毗流馱伽，主守護南瞻部州，常住須彌山第四層之南琉璃埵天宮。諸雍形鬼、餓鬼等爲其眷屬。

　　9. 東方持國天：亦是四大天王之一，專守東勝神州地域，其梵名爲提賴吒，譯作持國、或安民。其常住天宮，是須彌山的第四層，在東勝神州的黃金埵。此天能護持國土率領諸癲狂鬼、香陰神將等，主樂神。

　　10. 大梵天：譯作清净，原爲印度教之主神，是創造天地的主宰者，即創造一切，又是毀滅之神。在佛教中大梵天是色界諸天之王，爲釋迦佛的護法天神。

三十八、八大菩薩

釋迦牟尼三十五歲成佛，據稱次年三月十五轉密宗法輪，始有密宗。密宗修習分爲四個階段，即"密宗四部"或"四續"：事部（續）、行部（續）、瑜伽部（續）、無上瑜伽部（續）。四續的出世部分佛分三部、五部、六部。以五部來説，包括如來部、蓮花部、金剛部、寶生部和業部。每部除有部尊（佛）外，還有管理世間的菩薩，如：如來部有普賢菩薩，蓮花部有觀音菩薩，金剛部有金剛手菩薩，寶生部有文殊菩薩，業部有彌勒菩薩。每部還有其他衆多的菩薩、眷屬、使者、護法等無量無數神祇，所以佛教乃愈來愈復雜、愈來愈妙化不可方物，而成爲牢不可破的係統。

密教中有八大菩薩之説。這八大菩薩包括上面提到的五位大菩薩。據佛經講，八大菩薩是常隨侍佛的，護持正法，救護衆生。但八大菩薩的組成，佛經中有不同説法，如《八大菩薩經》和《藥師經》中就有所不同。《八大菩薩經》中有文殊、觀音、彌勒、虛空藏、普賢、金剛手、除蓋藏和地藏，《藥師經》中則是文殊、觀世音、大勢至、無盡意、寶檀華、藥王、藥上和彌勒。

第一種説法流行最廣、影響最大。前面多數菩薩已專門做了介紹，下面再擇要介紹其餘幾位。

金剛手菩薩：據稱金剛手菩薩是釋迦牟尼佛説密法時所呈現的形象，是釋迦佛的秘密化身，所以又叫秘密主菩薩。他屬金剛部，因手持金剛杵而得名，故又稱金剛菩薩。又因其執金剛杵常護衛佛，他還被叫作"金剛手藥叉"。金剛手與觀音、文殊三位菩薩合爲著名的"三族姓尊"，即"三怙主"。金剛手還被視爲大勢至菩薩的忿怒化現。對藏密佛菩薩身變來變去的現象，是因爲佛教有法身、化身和報身三種不同的佛體顯現，變化無方，所以許多佛菩薩的各種變化身都應看作是佛教教義的體現。深意的金剛手是指表大日如來身語意三密的金剛薩埵，即密乘第二祖。

金剛手的形象有多種。最常見的一面二臂三目，身呈藍黑色。右手怒拳持金剛杵上舉，左手怒拳持金剛鈎繩當胸或左手安於胯。頭戴五股骷髏冠表五佛，以雜寶及蛇爲瓔珞，下穿虎皮裙。足右屈而左伸，威立於烈焰之中，凶猛之相顯示其護法的威力。

密宗以爲，修煉金剛之法，有不可思議之功德，可消滅地水火風所生諸灾難，一切所求無不如願，臨終時直生西方净土。

除蓋障菩薩：全稱"除一切蓋障菩薩"，又作"降伏一切障礙菩薩"。此菩薩爲密宗胎藏界曼荼羅中除蓋障院中的主尊菩薩，密號離惱金剛。院內另有破惡趣、施無畏、除疑怪、不思議慧等八位菩薩。通俗講，這是一位幫人去掉一切煩惱的大菩薩。

"除蓋障"乃消除一切煩惱之意。佛教中有修道五蓋、五障説法，即修禪時障礙坐禪、使人難以入定的一些心理障礙。"五蓋"之"蓋"，是指這些障礙能覆蓋心性光明而不能顯現，故稱"蓋"。五蓋包括貪欲蓋、嗔恚蓋、睡眠蓋、掉悔蓋、疑蓋。五障包括煩惱障、業障、生障、法障、所知障。修行者必須弃除上面的種種蓋障，即令一切煩惱業苦盡皆除滅，才能獲得所謂見法明道的"除蓋障三昧"。若得此三昧者，則與諸佛菩薩同住。《大日經疏》稱："得除蓋障三昧，見八萬四千煩惱之實相，成就八萬四千之寶聚門。"

除蓋障菩薩的形象是：左手持蓮花，花上有如意寶珠，乃以菩提心中之如意珠施一切衆生，滿其所願；右手結無畏印。

無盡意菩薩：又叫無盡慧菩薩，因其觀一切事象之因緣果報，皆爲無盡，而發心上求無盡之諸佛功德，下度無盡之衆生，故名無盡意菩薩。密號是無盡金剛、定惠金剛。

無盡意菩薩身呈白肉色，左手拳置腰間，右手持花雲。據《大方等大集經·無盡意菩薩品》載，無盡意菩薩出現於東方不眴國普賢如來之世界。

《金剛頂瑜伽經》稱："諸佛菩薩依二種輪，現身有異。一者法輪，現真實身，所修行願報得身故；二者教令輪，現忿怒身，由來大悲現威猛故也。"是説佛菩薩由正法輪與教令輪兩種輪身，分別現真實身和忿怒身。八大菩薩爲菩薩形之真實正法輪身，由此八大菩薩受佛教之教令轉化爲忿怒相以降伏愚暗邪魔的教令輪身，即八大明王。

139. 八大菩薩之一　150厘米×80厘米

三十九、大辯才天神

辯才天是梵文 "Sārasvati" 的音譯，又叫 "大辯才天" "大辯才功德天"，還有 "美音天" "妙音天"。所謂 "辯才"，是指她善於巧說法義的才能。她的嗓音甜美，歌聲嘹亮，故稱 "美音天" "妙音天"。這是一位主管福德智慧的天神。

辯才天原名叫 "夜密"，她是印度神話中太陽神的女兒。太陽神蘇利耶是世界上第一位凡人，他的妻子是薩拉尼尤，結婚后，薩拉尼尤生下一對龍鳳胎，就是兄長夜摩和妹妹夜密。

後來，夜摩成了冥王，夜密則成了沙拉斯瓦地河的河神。經過滄海桑田的變換，這條河現在已經干涸，不存在了，但夜密以辯才天的形象流傳下來，并成爲印度教中重要的女神。辯才天美麗聰慧，非常具有辯才，能將經中的道理淺顯易懂地説明白，并使人願意聽，因此，辯才天又名 "大辯才天"，是智慧學問之神和雄辯技藝之神。

據翻譯的佛經來看，對這個以聰明和辯才而得名的天神，人們至今無法弄清楚其性別，有的説是男性天神，有的則説是女性天神。不過，現在的人們始終將其作爲女性天神供奉。

在一些作品中，辯才天的左邊立着雄獅和老虎，右邊站着豹子和狼。身后蹲着狐狸，前面圍繞着牛、羊、鷄。這些平日裏是死對頭的動物們，如今能够相安無事地聚在一起，目的就是爲了傾聽辯才天美妙的歌聲，它們如痴如醉，戀戀不舍，似乎永遠不想離開。

除了擁有美妙的歌聲之外，辯才天還代表了智慧和福德，只要信奉她的人能够按照《最勝王經·大辯才天女》中的法門修持，并在修持過程中不產生絲毫懷疑，就能够獲得天上的智慧，求財得財，求功名得功名，都能如願，而且能增長福德智能。

至於辯才天的形象，一般有兩種。一種是八臂像，因爲佛經中寫的明明白白: "常以八臂自莊嚴"。壁畫中的辯才天爲菩薩相，兩目八臂，頭戴寶冠，身配八飾，袒胸赤脚，紅裙繡有描金葵花。八臂，中間兩臂雙手合十，其余六只手分別拿着火輪、弓、箭、刀、金剛杵和繩索。另一種普通的二臂像，雙手拿着琵琶，作彈撥狀。如果説前一種形象和她的生活特性有關，那么后一種則完全是根據辯才天擅長音樂而塑造的。

四十、摩醯首羅天神

大自在天是梵文"Mahā—iśvara"的意譯，音譯爲"摩醯首羅"，即"濕婆"，是印度教神話中的主神之一。濕婆的意思是"幸福""帶來幸福"。

《往世書》神話中記有許多濕婆的神話，他在書裏占有突出地位。這位大神有三隻眼睛，使用一柄三股叉，頭上有一彎新月作裝飾，頸上纏着一條蛇，騎一頭大白牛。他是苦行之神，終年住在喜馬拉雅山上，妻子是雪山神女。他又是舞蹈之神，創造了剛、柔兩種舞蹈。他還有極大的降魔能力。

濕婆不是完全禁欲的出家人，他有妻子，還有兩個兒子。一個叫塞建陀，是個長有六頭、十二臂、騎着一只孔雀的戰神，擔當天神軍隊統帥。塞建陀後來也隨同佛教諸神來到中國，即著名護法神將韋馱。另一個兒子是象頭神伽涅沙。這個象頭神至今還受到印度人民的敬奉，人們在求事業順利時要向他禮拜。

印度教認爲"毀滅"又有"再生"之意，故表示生殖能力的男性生殖器"林伽"被視爲他的象征，很受信徒崇拜。印度密教中的濕婆教內即有性力派、林伽派。濕婆被吸收爲佛教護法天神后，被稱爲"大自在天"，住在色界之頂，是三千大千世界之主。大自在天比常人多一隻"頂門眼"。頂門眼竪生在額頭，作用遠勝於凡眼。佛教認爲"眼"有五種，即凡夫的"肉眼"、天人的"天眼"、羅漢的"慧眼"、菩薩的"法眼"和佛陀的"佛眼"。大自在天的"頂門眼"屬"天眼"。《大智度論》卷五説："天眼所見，自地及下地六道中衆生諸物，若近若遠，若粗若細，諸色莫不能照。是天眼有二種：一者報得，二者從修得。"

佛法所説六種神通中，即有"天眼通"。"天眼通"徹底明了者，被稱爲"天眼明"，乃是佛的"三明"之一（另有"宿命明"和"漏盡明"）。可見"天眼"在佛法中的重要性。他的模樣有多種，有的被描繪爲有五個頭、三隻眼、四隻手或八臂，手中分別持三股叉、神螺、水罐、鼓，頭上有一彎新月作裝飾，坐騎是一頭大白牛。此畫像是衆多摩醯首羅像的一種。

四十一、佛

佛是梵語之音譯，全稱佛陀。意指覺悟真理者，亦是自覺、覺他、覺行圓滿、如實知見一切法之性相、成就無上正等正覺之大聖者，乃佛教修行之最高果位。自覺、覺他、覺行圓滿三者，凡夫無一具足，聲聞、緣覺二乘僅具自覺，菩薩具自覺、覺他，由此更顯示出佛之尊貴。對佛證悟之內容，諸經論有多種說法，對佛身、佛土等，各宗派亦有不同說法，但大乘則總以"至佛果"爲其終極目的。

佛有七種殊勝功德超越常人，即身勝、如法住勝、智勝、具足勝、行處勝、不可思議勝、解脫勝等。佛之定、智、悲均爲最勝者，故稱大定、大智、大悲。

小乘的大衆部則認爲、其他三千大千世界，同時有其他諸佛存在，故主張"一界一佛，多界多佛"之說，有部則主張"多界一佛"說，此時"界"係指三千大千世界而言。

據《華嚴經》說，佛有十種："一者正覺佛：爲佛於菩提樹下降服諸魔，廓然大悟，證無上果，是名正覺佛。二者願佛：謂佛從兜率天下生人間，說法度生，酬宿因願，是名願佛。三者業報佛：謂佛修萬行清净業因，感相好莊嚴果報，是名業報佛。四者住持佛：謂佛真身及於舍利，住持世間，永久不壞，是名住持佛。五者涅槃佛：華言滅度，謂佛應身，化事既終，示現滅度，是名涅槃佛。六者法界佛：謂佛證一真法界無漏之體，有大智慧，放大光明遍照一切，是名法界佛。七者心佛：謂佛心體離念，虛徹靈通，本來真覺，寂然獨照，是名心佛。八者三昧佛：梵語三昧，華言正定，謂佛常住大定，如如不動，了知一切，是名三昧佛。九者本性佛：謂佛具大智慧、照了自性本來是佛，具足恒沙性妙功德，是名本性佛。十者隨樂佛：謂佛隨機樂欲，如意速疾，即爲現身說法，令其行業成就，是名隨樂佛。"

四十二、菩薩

菩薩：梵語菩提薩埵之略稱；意譯作道衆生、覺有情。菩提，覺、智、道之意，薩埵，衆生、有情之意。與聲聞、緣覺、菩薩合稱三乘。又爲十界之一，即指以智上求無上菩提，以悲下化衆生，修諸波羅蜜行，於未來成就佛果之修行者。亦即自利、利他二行圓滿，勇猛求菩提者，對於聲聞、緣覺二乘而言，若由其菩提（覺智）之觀點視之，亦可稱菩薩，而特別指求無上菩提之大乘修行者，則稱爲摩訶薩埵（摩訶，意即大）摩訶薩、菩薩摩訶薩、菩提薩埵、摩訶薩埵等，以與二乘區別。

菩薩有多種分類，有依悟解深淺而分，也有依發心大小而分，亦有按修行次第而分類的。如斷無明，證菩提的十信、十住、十行、十迴向、十地、等覺、妙覺等五十二個階層，即是按修行次第而劃分的。有關菩薩之一切法則儀式，稱爲菩薩之法式。以達佛果爲目的之教，稱爲菩薩乘，其經典稱爲菩薩藏，梵網經等即述菩薩應持之菩薩戒。諸經典常舉之菩薩名，有觀音、大勢至、文殊、普賢等，還有在印度修學大乘的學者，如龍樹、世親等即被尊稱爲菩薩。中國亦有道安被稱爲印手菩薩、敦煌供養菩薩等。

146. 仿寶寧寺菩薩之三　170 厘米 × 80 厘米

四十三、十二圓覺菩薩

圓覺，是圓滿覺性的意思，就是指修行得道，功德圓滿，也就是說斷絕了一切煩惱妄想，對世間一切事物、道理大徹大悟，就能往生清净佛國，即身成佛。

唐代著名僧人佛陀多羅所譯的《圓覺經》中記載，十二位菩薩依次請求佛祖開示修行的法門，佛祖一一耐心地作了解答。由於十二位菩薩請教的是大乘佛法圓滿覺悟的清净境界，修行的法門是直接成佛的大道，因而稱之爲十二圓覺菩薩。這十二位大菩薩的名稱分別是：

1.文殊師利菩薩；2.普賢菩薩；3.普眼菩薩；4.金剛藏菩薩；5.彌勒菩薩；6.清净慧菩薩；7.威德自在菩薩；8.辨音菩薩；9.净諸業菩薩；10.普覺菩薩；11.圓覺菩薩；12.賢善首菩薩。

文殊、普賢、彌勒，我們有過介紹。第三位是普眼菩薩，是觀音菩薩的另一名稱，佛經中稱贊她慈眼普觀一切衆生，所以叫普眼菩薩。第四位是金剛藏菩薩，是賢劫中十六聖者之一。佛經記載：在過去莊嚴劫有一千位佛出世，其中以燃燈佛爲代表，稱爲燃燈古佛；現在世賢劫中也有一千佛出世，以釋迦牟尼佛爲代表，稱謂釋迦諸佛；未來星宿劫中也有一千位佛出世，以彌勒佛爲代表，稱爲彌勒諸佛。密教稱賢劫十六佛（菩薩）爲千佛中地位最高的護法神。金剛藏菩薩爲十六尊之一，有時示現爲忿怒身，手持金剛杵用以降伏諸惡魔，又稱爲金剛藏王，他還是密教五方佛中東方阿閦佛的四位護法神之一。

餘下的諸位大菩薩分別表示不同深刻意義。

清净慧菩薩：代表脫離一切煩惱，六根清净。六根指眼、耳、鼻、舌、身、意，全都清净無染，自在無礙，從而獲得佛法智慧。

威德自在菩薩：代表有大威勢，足以降伏所有惡魔，有大慈德，可以救助一切煩惱衆生。

辨音菩薩：代表擅長用法音、慧音宣講一切佛法智慧，解脫惡因、惡果的輪回往復。

普覺菩薩：代表深刻理解了衆生的生死苦樂，按照佛所教化的智慧，利樂衆生，走上覺悟解脫的道路。

圓覺菩薩：代表覺行圓滿，自利利他，永遠斷除無明煩惱，即身成就佛道。

賢善首菩薩：代表按照佛的教化修行，以善爲師，化導衆生，賢能爲人，利世濟衆。

十二圓覺造像今天并不少見，除杭州靈隱寺以外，在四川大足也有一處聞名於世的十二圓覺造像，即大佛灣圓覺洞。洞窟內主像爲三身佛，位於正壁中部，三身佛的兩側壁前，各刻有六尊菩薩。這些造像爲宋代作品，刻畫細膩，造型優美，裝飾性極強。整個圓覺洞就是一件大型的石雕藝術珍品。洞中的十二位菩薩即爲十二圓覺菩薩。

147. 大足石刻圓覺菩薩之一　143 厘米 × 90 厘米

149. 南無賢善首菩薩 163 厘米 × 81 厘米

四十四、樂舞飛天菩薩

在佛教龐大的組織系統中，"樂舞飛天"屬佛教護法神"天龍八部"中的"乾闥婆"和"緊那羅"兩部。乾闥婆是梵名，意譯爲香音神、樂舞神和執天樂等。傳説其不食酒肉，惟以香氣爲食，故而名之。乾闥婆原爲印度婆羅門教所崇奉的神祇，相關的神話很多，或有説爲身上多毛，或有説其爲半人半獸，也有説其樣貌極美。在印度神話中爲天上樂師。而在佛經中則爲八部護法衆之一，是帝釋天屬下職司雅樂之神。又諸經中或以之爲東方持國天的眷屬，是守護東方的神，具有衆多眷屬。

據《維摩經玄疏》卷五所説，此神常住地上之寶山中，有時昇忉利天奏樂，善彈琴，作種種雅樂，悉皆能妙。又據《大智度論》卷十所載，乾闥婆王至佛所彈琴讚佛，三千世界皆爲震動，乃至摩訶迦葉不安其座。還有在《法華經》卷七《觀世音菩薩普門品》中以此乾闥婆神爲觀世音示現的三十三身之一。關於其住處，在《長阿含經》卷十八《世紀經·閻浮提洲品》中記載："佛告比丘，雪山右面有城，名毗舍離，其城北有七黑山，七黑山北有香山，其山常有歌唱伎樂、音樂之聲。山有二窟：一名爲畫，二名善畫，山七寶成，柔濡香潔，猶如天衣，妙音乾闥婆王從五百乾闥婆，在其中止。"佛教諸多經典中都有提到有關乾闥婆的叙述。

在佛教中的香神和樂神不只有乾闥婆，八部衆中，緊那羅王本來并不是戰神，也是一個歌神和樂神。緊那羅過去譯作"人非人"或"疑神"，新譯爲"歌神"。爲佛教護法神"天龍八部"之一。據《法華文句》卷二説其"似人而有一角，故曰'人非人'，天帝法樂神，居十寶山。"緊那羅又稱"音樂天"，能作歌舞，男則馬首人身能歌，女則端正能舞，次此天女，多與乾闥婆天爲妻室。

可見緊那羅還有男女之分，男性其貌不揚，長着個馬頭；女性則相貌端莊，有一副絶妙的好嗓子。據《大智度論》説，有五百仙人騰雲駕霧，在空中飛行，好不逍遥得意。忽然傳來了緊那羅女的動人歌聲，大仙們頓時如醉如痴，忘乎所以，道術一下失靈，紛紛從空中栽入塵埃。

在印度神話中"飛天"是雲和水之神，肩下生有雙翼，以湖泊沼澤爲家，常遨游於菩提樹下。印度"飛天"隨着佛教傳入中國后，便沿着絲綢之路飛進新疆庫木吐拉石窟、克孜爾石窟、甘肅炳靈寺石窟、敦煌莫高窟等，使飛天形象越來越中國化。早期的飛天外形與菩薩相似，體型較短，身上佩戴的瓔珞較少，袒露着上身，大多排列成條狀，也有以單個的形式出現。外形有男有女，有的手持樂器演奏，有的手捧花鉢散花，顯得粗獷奔放。經過北魏時期、北周時期，到了唐代飛天樂舞形象發展到了高峰，不僅數量多，而且藝術神韵也最高，真正成爲東方樂舞飛天美神。

飛天樂舞菩薩是隨着佛教經典的廣泛傳入而變得豐富多彩。歌舞樂伎，梵唄讚歌，爲佛供果、獻寶、散花的歌舞伎，在優雅的歌舞梵唄中翩翩起舞，婀娜多姿，天衣飛揚，滿壁風動，使人仿佛到了天界佛國。

151. 敦煌樂舞菩薩之二　123 厘米 × 64 厘米

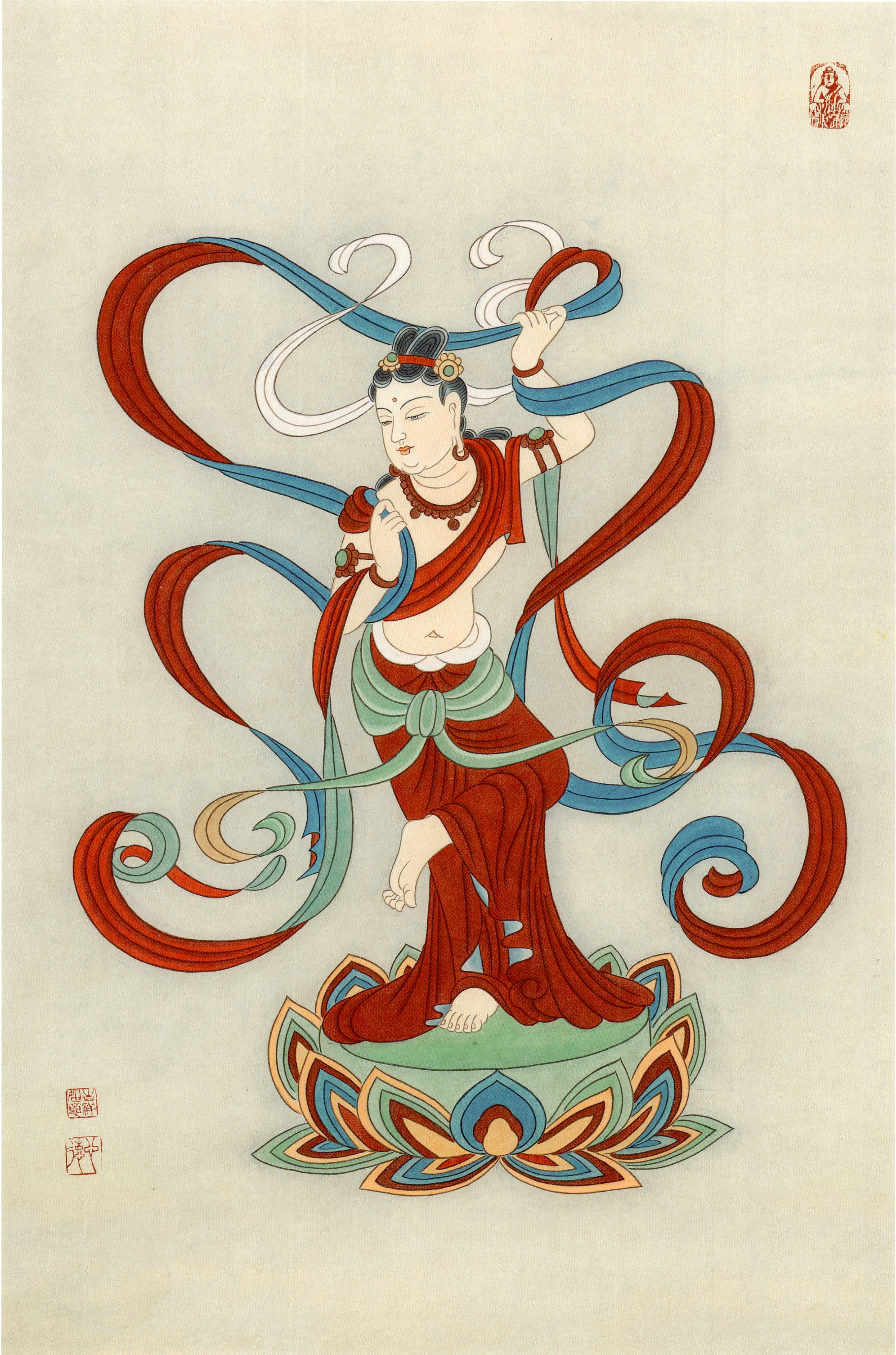

153. 敦煌樂舞菩薩之四　89厘米 × 57厘米

154. 敦煌樂舞菩薩之五　126 厘米 × 64 厘米

155. 敦煌樂舞菩薩之六　132 厘米 × 90 厘米

四十五、密宗佛母菩薩

1.佛眼佛母：是密宗所供奉的本尊之一，位於密教胎藏界曼荼羅中，是遍知院及釋迦院中的一尊。佛眼佛母尊及般若中道妙智的示現，具有五眼，能出生金胎兩部諸佛、菩薩，爲出生佛部功德之母，故稱"佛眼"。修持佛眼佛母之法門，可以平息灾障，增長福德、壽命，常作爲財寶法之本尊。在遍知院的佛眼佛母，又名爲"虛空眼""諸佛母"，位於中央一切如來智印的北方，密號"殊勝金剛"。形象是遍身肉色，頭戴寶冠，係有珠鬘，耳懸金環，臂着釧環，穿紅錦衣，結定印，於赤蓮花上結跏趺坐。

2.大勇猛菩薩：坐於胎藏界曼荼羅遍知院之角智印左方，梵名摩訶尼羅、譯言大勇猛，密號稱爲嚴訊金剛，肉色，左手當臍，持如意輪，右手持利劍。

3.大安樂不空金剛真實菩薩：與大樂金剛薩埵同，坐於胎藏界曼荼羅遍知院之最南，梵名摩訶縛日羅母伽三昧耶薩怛縛，譯言金剛不空真實菩薩，密號爲真實菩薩，即普賢延命菩薩。

4.頂髻尊勝佛母：膚白色，三面八臂，正面白，右面黃，左面藍，各面三只慧眼；右四手分執交杵，蓮花座無量光、箭，以及結施願印，左四手之一以羂索結期克印、之二執弓、之三結施依印、之四以定印捧瓶；絲寶嚴身，結金剛跏趺坐。

156. 佛眼佛母　95 厘米 × 55 厘米

157. 大勇猛菩薩　90 厘米 × 55 厘米

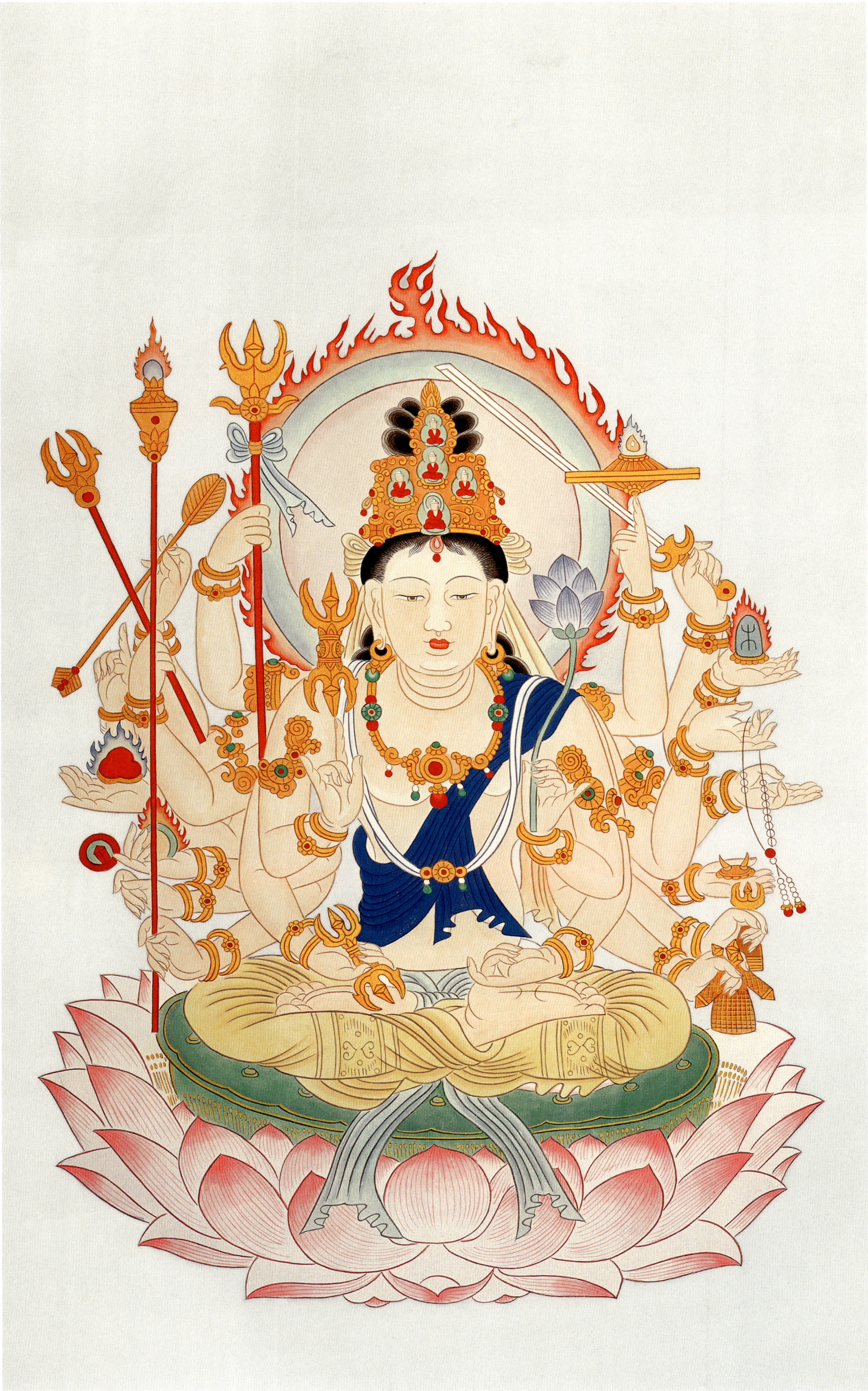

158. 大安樂不空金剛真實菩薩　95 厘米 × 60 厘米

159. 金剛母菩薩　120 厘米 × 80 厘米

160. 頂髻尊勝佛母　100 厘米 × 75 厘米

161. 如意寶度母　89 厘米 × 54 厘米

162. 忿怒母　92 厘米 × 63 厘米

圖版目録

圖版目録

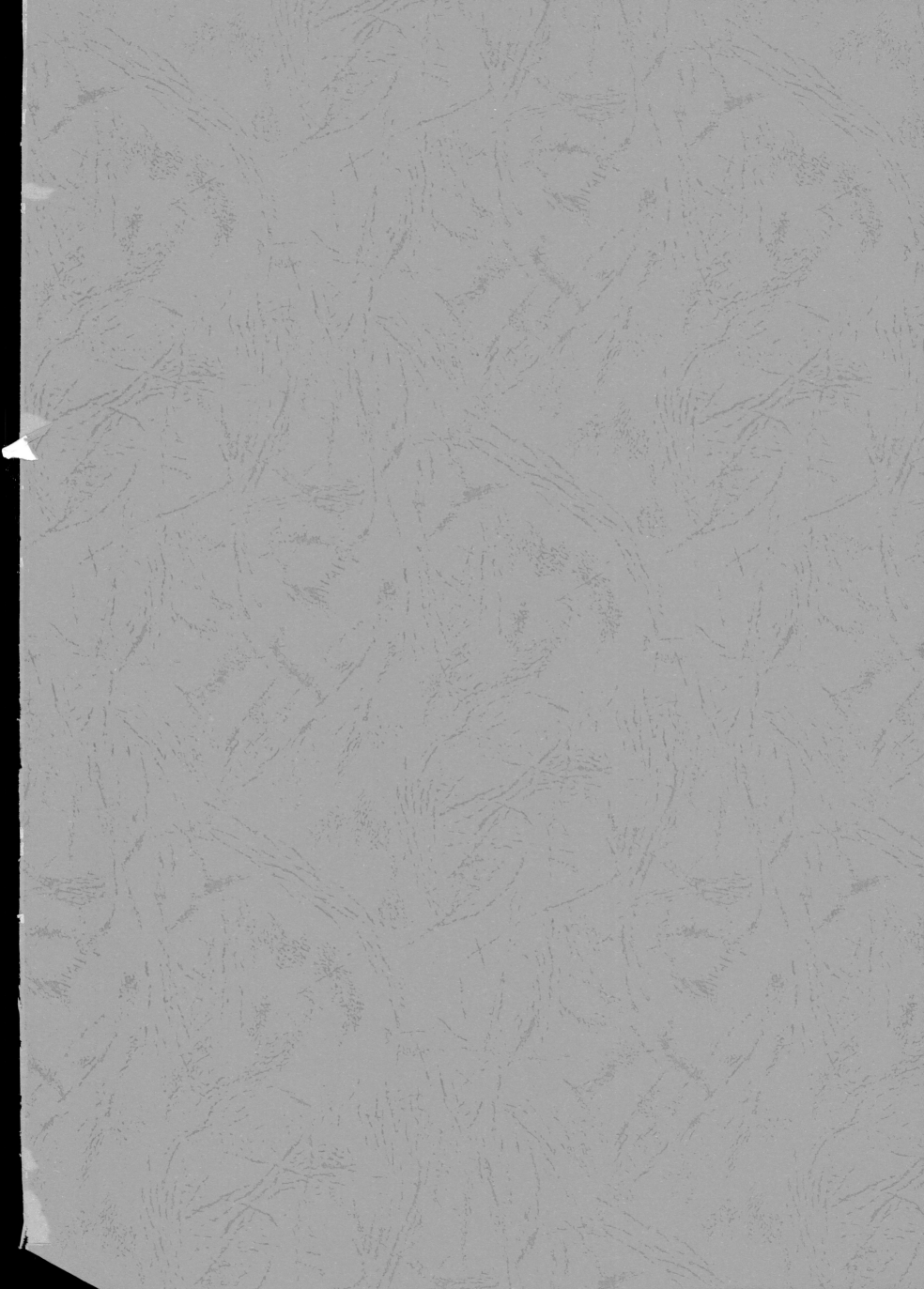